朝日新書

Asahi Shinsho 882

日本のシン富裕層

なぜ彼らは一代で巨万の富を築けたのか

大森健史

朝日新聞出版

序章

日本の「お金持ち」に変革が起きている⁉

「シン富裕層」を知ったきっかけ

私は日本から海外への移住を希望する人たちをサポートする会社㈱アエルワールド）を経営しています。2004年の創業以来、2万人を超える富裕層の人々から海外移住の相談を受けてきました。

海外移住する方といえば、以前は長いあいだ懸命に働いたのちの老後の愉しみとして計画される方や、ビジネスで成功をおさめてひとくぎりついたような、いわゆるリタイアした人たちが中心でした。しかし、私が海外移住のサポートをお手伝いするなかで出会ってきたのは、これまでのいわゆるお金持ちやリタイア生活を目的としている方々とはまったく違う、「シン富裕層」というべき存在です。

あとで詳しく述べますが、彼らのビザや永住権の発給手続きをお手伝いするためには、彼らの資産がどうやって築かれてきたのか、家族関係を含めてどのような生き方をしてきたのか、これからどのような人生を歩みたいと考えているのか、そうしたプライベートな話まで、詳細に聞く必要があります。

たとえば短期的に海外で暮らす場合は「海外留学」がありますが、学生が単身で留学するための手続きは、さほど難しくはありません。学校とホームステイ先を探し、留学ビザを取るくらいですので、多くの留学希望者は、自分で調べて手続きをすることがほとんどかと思います。会社員が仕事のために海外生活をする場合にも会社が手配などをすることでしょうし、それほど問題はないでしょう。

私がサポートしているのは、主にご家庭や個人的な希望など、それぞれのライフプランによるものです。そうした場合はビザ発給条件などがとても複雑で手続きもたいへんになります。ですから、ただ日本を離れて海外でのんびりしたいという希望があったとしても、それが叶うかどうかは一概にはいえません。国ごとの手続きや条件はさまざまで、なおかつ頻繁に変更されることが珍しくないのです。そうしたときに私たちがお手伝いをさせていただくことになります。

たとえばアメリカは、トランプ前大統領が「移民排斥」を主張していたので、移住は難しいだろうと思っている人が多いでしょう。しかし2022年6月現在、80万ドル

（約1億9000万円）を10人以上の雇用を生むアメリカ企業に投資すれば、永住権、つまりグリーンカードが申請できます。

各国政府は、自国に世界から資金を集めたいと当然思っていますから、自国に投資してくれる富裕層に対しては、優遇政策を行っているのです。

庶民にとっては非常に厳しい条件ではありますが、資産を持つ人たちにとっては、検討することができるでしょう。

そのため、私たちがサポートする海外移住希望者は、投資家ビザや投資永住権の取得、親子留学など目的としてはさまざまですが、基本的には多くの資産を持つ、いわゆる「富裕層」と呼ばれる人々となります。

仕事上、ご相談をいただいた場合、前述の通り、「ライフプラン」をはじめ「資産形成の経緯」や「価値観」までも根掘り葉掘りヒアリングさせていただくことになります。そうしてお話をうかがったのがおよそ2万人超ということになります。もちろん、すべての方が顧客になっているわけではありません。

ビザや永住権の取得は、たとえるならば、それは受験と似ています。受験では、「自分が学校でどんなことを学びたいのか」という目的に応じて、学校・学部選びをするのはもちろんですが、それに加えて「自分の学業成績」も大きく関わってきます。自分の今の成績ではどの学校に行けそうか、受験までの期間にどのくらい成績が伸びそうか、ということも加味して、志望校を検討していきます。

さらに、内申点重視の学校、大学入学共通テストの点数重視の学校、二次試験重視の学校、面接試験で合格できる学校など、各校の試験の特色に応じて、自分は何が得意で、どの学校の試験であれば有利なのか、なども勘案します。それらを総合的に考えて、自分に最適な学校を受験することでしょう。

ビザや永住権の取得も、それと同じです。自分がなぜその国に行きたいのかという目的に加えて、自分の資産やキャリアが、条件として深く関わってきます。国によって、求められる投資額、預金額、年収などが違い、移住先にも人それぞれ「向き・不向き」があるのです。

富裕層の海外移住では、「どうしても長年の憧れだったハワイに住みたい」などと、明確な目的や移住先を決めている人は少数派で、大半の人は、漠然とした相談をしてきます。

そこで海外移住のプロである我々が、お客様から細かくお話を聞き、さまざまな資料を用意していただいて、

「あなたはこれを重視しているので、この国がいいですよ」

「この資産額では、ここは難しいですね」

などとアドバイスをしているのです。

海外移住に必要な資料は国によってさまざまですがアメリカやオーストラリアなどになると、たとえば個人の資料としては履歴書、戸籍謄本、資産形成証明として銀行や証券会社の口座の入出金履歴10年分などです。ビジネスオーナーであれば、会社の経営歴証明として5年から10年の確定申告と決算書、ご自身で書いていただく毎年の業績レポート、株式の出資比率などがわかるものなども必要です。私はそれらを徹底的に読み込んでアドバイスをしています。

このような仕事を通じて、私は日本の富裕層について知り、かつ「シン富裕層」という新たな存在に気づいたわけです。

変化が訪れたのは2000年代以降

2000年代以降、日本の富裕層の傾向はどんどん変化してきています。

私が創業した00年代は、やはり富裕層といえば、代々資産や土地を相続してきたタイプばかりでした。それがいまでは、親が裕福というわけでもなく、「ごく普通の人」から数年で富裕層になるタイプが、圧倒的に多くなっています。

このいちばんの要因は、インターネット環境の発展やスマートフォン（スマホ）の普及により、誰もがビジネスや投資に取り組みやすくなったことだと思います。

かつては証券会社に電話をかけて、「今、A社の株価はいくらですか？」「ちょっと待ってくださいね、えー、2000円です」「では、1000株購入します」などとやり取りをして、株の売買をしていました。それが2002~2003年頃から、ネットでの株の売買が始まります。次第にいろいろな仕組みが整ってきて、2010年頃からは、誰でもスマホがあれば一瞬で世界中の株価の値動きを見ることができるようになり、クリックひとつで株の売買ができるようになりました。それ以降、株に興味のある一般の人たちが、プロの投資家顔負けの投資成績を上げ、資産を増やす人も現れてきたのです。

さらに株式投資以外にも、新しいものにアンテナを立てるタイプの人たちが、デイトレーダーやFX（Foreign Exchange、外国為替証拠金取引）、暗号資産（いわゆる「仮想通貨」）など、新しく出てきた「財テク」を使いこなし、資産を築いていきました。

一方で、90年代初頭のバブル崩壊の痛手を引きずった、古いタイプの成功者や頭の固い人たちは、新しい「財テク」手法を寄せつけませんでした。そもそも、銀行や証券会社などの金融業界のエリートの多くも、暗号資産のことをいまだに毛嫌いしている状況です。

金融に限らず、モノづくり大国ニッポンのビジネスモデルも、スマホの登場を契機に、大きな転換点を迎えたと言えるでしょう。iPadやiPhoneを生み出したAppleは、特に革新的な技術やコンテンツを持っているわけではなかったのに、iTunesなどのシンプルで操作性の優れた仕組みを構想し、既存の技術をうまく組み合わせてつくり上げ、大ヒットさせました。一方、日本の家電メーカーは、技術を磨き抜いてどんどん高機能な家電製品を発売していたのに、「ガラパゴス化」して業績が低迷してしまいました。

「まじめに働け、汗をかけ」と、努力と根性がもてはやされた時代から、今は「もっと遊び心を持って、自分が楽しみながら他人を楽しませ、いろんな情報を駆使しながら稼ごう」という風潮に変わってきています。

こうした時代の転換点では、新しいものに敏感な人たちこそ、その能力を発揮できると言えるでしょう。

たとえるならば、幕末の吉田松陰や坂本龍馬などが、江戸幕府の形が強固に完成された三代将軍の家光の時代に生まれていれば、行動しても実を結ばず、由井正雪のように処刑されていたのだろうと思うのです。幕末の動乱期にたまたま出てきたからこそ、旧来の幕藩体制を壊し、日本を近代国家にするための第一歩を築いた「英雄」となりえたわけです。

なぜ「シン富裕層」が続々と生まれはじめたのか?

さらに2017年前後から、また潮目が変わり、日本の富裕層が急激に増えていきました。アベノミクスで富裕層が優遇され、富める人がさらに富むようになっていったことも理由のひとつですが、特に暗号資産の登場が大きいと言えるでしょう。ブロックチェーン技術を使った暗号資産が高騰し、億を超える大金を手にする人が増えたのです。ユーキャン新語・流行語大賞に「仮想通貨」がノミネートされたのは、1年遅れの2018年のことでした。

なお「仮想通貨」という単語のほうが、「暗号資産」よりも一般に馴染んでいましたが、2018年にG20や日本の金融庁が、仮想通貨を「暗号資産」という呼称にすると決めました。通貨発行権を持つ各国政府は、どこからともなく出現し、世界的に価値を持つようになった暗号資産を、「通貨」と呼ぶことに抵抗があるようです。そこで本書でも、仮想通貨ではなく「暗号資産」という呼称を使います。

また、小学生の「将来の夢」ランキングに、動画投稿サイトのYouTube（ユーチューブ）で活躍する人たち「YouTuber（以下、ユーチューバー）」が登場して話題になったのは、２０１６年のことです。YouTubeは２０１７年に、ライブ配信をスマートフォンで視聴できる機能や、「スーパーチャット（スパチャ）」という、視聴者がライブ配信者に直接お金を渡せる機能をつけ、ユーチューバーが、広告収入以外の収入をファンから直接受け取ることを可能としました。

こうした時代の変化に伴い、２０１７年以前の富裕層と、以降の富裕層は大きくタイプが異なってきています。そのため、２０１７年以降の富裕層を「シン富裕層」と名づけました。

創業直後の頃は、オーストラリアやマレーシアなどの退職者向けのビザをメインで取り扱っていたこともあり、顧客は60代がメインで、次に70代、50代がほんのわずかでした。それが投資家ビザの取り扱いを始めてからは、60代がボリュームゾーンであることは変わらないものの、次に50代、その次に40代のお客様が増えていきました。

そして２０１７年以降の「シン富裕層」では、40代がメインになり、次に50代、30代ときて、わずかですが20代のお客様もいらっしゃるようになりました。若い世代の富裕層が、続々と増えてきているのです。

なお2020年に起きたコロナ禍以降も、富裕層が急速に増えてきている印象です。コロナ禍で外出が制限される中、政府が財政出動した結果、世界的にお金が余り、株価が急上昇したからです。コロナで資産を増やした、「コロナ長者」とも言える人も急増しています。

本書では、海外移住を希望する富裕層を長年見てきた私が、この20数年で大きく変わった日本の富裕層、名付けて「シン富裕層」について解説します。

彼らは、2021年に話題となった言葉「親ガチャ（子どもにとって、どういう境遇に生まれるかは運任せだというインターネットスラング）」に成功した、裕福な家庭の出身というわけではありません。その多くが、一般家庭で生まれ育った「普通の人」たちなのです。会社の同僚として席を並べる人が、実は数億円の資産を持っていても不思議ではない、そういう時代になっているのです。

シン富裕層から私が学んだ、新時代の稼ぎ方についても、本書では詳しく解説します。「誰もが間違いなく巨万の富を稼げる手法」などはもちろんありません。そんなものがあると言う人がいるとすれば、それは確実に詐欺師でしょう。

シン富裕層となった人たちは、凡人にはとうていマネできないようなすさまじい実力を持っているか、あるいはたぐいまれな幸運をひきよせたことで、資産を形成していきます。なかなか模倣できるものではないということも事実です。

しかし、シン富裕層について知ることは、新しい時代の稼ぎ方がどういうものかを理解する一助になるはずです。そうして、あなたがこれから資産をつくるための、大きなヒントとなることでしょう。

※本書で紹介している人物、エピソードには個人情報等に配慮し、一部、変更を施しています。また、為替レートは2022年8月のものです。

編集協力　株式会社ベンチャー広報
株式会社テックベンチャー総研

日本のシン富裕層

なぜ彼らは一代で巨万の富を築けたのか

目次

序　章　日本の「お金持ち」に変革が起きている!?　3

第1章　「シン富裕層」のリアル　23

第2章 富裕層になれる人、なれない人 63

第3章　新時代の資産形成術　

第4章　なぜ富裕層は海外移住するのか　

第5章　国別に見る海外移住のメリット・デメリット　169

第1章

「シン富裕層」のリアル

現代の金持ちは一見「フツーの人」!?

40歳前後のその男性は、パーカーにスウェットパンツ、白のスニーカーというラフな服装で現れた。小さなクラッチバッグをひとつ持ち、「こんちは」と軽くあいさつをする。

「マレーシアがいいって聞いたんで、移住しようかと思うんですよね」

人生の大きな転機ともなりそうな「海外移住」を、数日間の小旅行にでも行くような気軽な口調で話題にする。

「マレーシアは、最近ビザの条件が改悪されたんですよ」

必要な資産額も3倍ほどになったこと、年間90日の居住義務もできたことなどを私から丁寧に説明すると、

「へぇ、じゃあ、どこの国がいいんですか？」

と質問をしてくる。

「そうですね、今はドバイが人気です。『全世界所得課税』ではなく、そもそも現時点

では所得税も法人税もありません。日本の国内源泉所得に対する日本の課税以外、ドバイでの収入に対しては当然ゼロですし、贈与税も相続税もないんですよ」

「それは税金面でいいですね。でも中東って、なんか治安悪そうなイメージなんですけどねぇ」

「いえいえ、治安も良く、お子様が英語教育をしっかりと受けられるような学校も充実していて、物価も東京と同じくらいなんですよ」

現地の写真などを見せて説明すると、

「なるほどねぇ。僕、ネットで情報商材を販売している仕事なんですけど、ドバイってネット環境とかはどうなんですか?」

「もちろん、日本とそれほど変わらず、充実していますよ、ネットの投資家も多いですから」

そう答えると、彼は一瞬の間を置いただけで、にこりと〝即決〟した。

「じゃ、妻と2人の子どもたちと、家族でドバイに移住します」

その場で移住手続きに関する具体的な説明が、さっそく始まった……。

驚くかもしれませんが、これが「シン富裕層」と呼ばれる人たちの、海外移住相談の一幕です。

＊＊＊

高級車、高級時計、オーダーメイドのスーツ……少し前なら一点豪華主義であっても見分けがつくようなわかりやすい記号を持っていたかもしれません。しかし「シン富裕層」はたとえがいいかどうかはわかりませんが、エリートビジネスマンどころかそのへんにいる学生のようでもあり、街中ですれ違ったとしても「リッチ感」のオーラはゼロと言っていいでしょう。

後ほど詳しく述べますが、見た目と同様に暮らしぶりが派手なタイプもあまり多くありませんので、はっきり申し上げて、昔ながらの「金持ち」イメージではまったく見分けられない、というのが「シン富裕層」の共通点ともいえます。

数億から数十億円の資産を持つ大金持ちとは思えない、ラフな格好と口調で、ふわっとした相談をして、人生において重要な判断だと思われる海外移住先をすぐに決め、実際に移住していくのです。

このような「シン富裕層」の人々の収入源、考え方、行動様式について、本書では詳しくひも解いていきます。そして、彼らのような「シン富裕層」になるためにはどうすればいいのかのヒントを、お伝えしたいと思います。

さらに、シン富裕層はなぜ海外移住を目指すのか、海外移住にまつわる現在のトレンドも解説していきます。

これまでの富裕層のイメージをがらりと変える、「シン富裕層」の実態をのぞき見てみましょう。

「シン富裕層」は大きく分けて5つのタイプ

富裕層の定義はさまざまありますが、よくメディアで取り上げられるのが、野村総合研究所の定義です。世帯の純金融資産保有額（預貯金、株式、債券、投資信託、一時払い生命保険や年金保険など、世帯として保有する金融資産の合計額から負債を差し引いた額）が、5億円以上の場合を「超富裕層」と呼び、2019年時点での日本の超富裕層は、全世帯のわずか0・16％しかいません。そして1億円以上5億円未満が「富裕層」で2・3％、5000万円以上1億円未満が「準富裕層」で6・3％、3000万円以上5000万円未満が「アッパーマス層」で13・2％、3000万円未満が「マス層」で78％、というデータでした。

ただしこの定義は、金額に換算しやすい、わかりやすい資産のみを対象としています。私が見てきた「シン富裕層」たちの資産を捉える指標としては、不十分だと感じます。なぜならここでは、不動産や中小企業の経営者の持つ未公開の自社株など、換金しにくい資産が、資産として含まれていないからです。さらに今人気の暗号資産やFXなどの時価総額、できれば動画配信の登録者数やTwitterのフォロワー数も今の時代なら資産として考慮に入れるべきでしょう。

それらを含んだ資産額で考えると、「シン富裕層」のボリュームゾーンは、10億円か

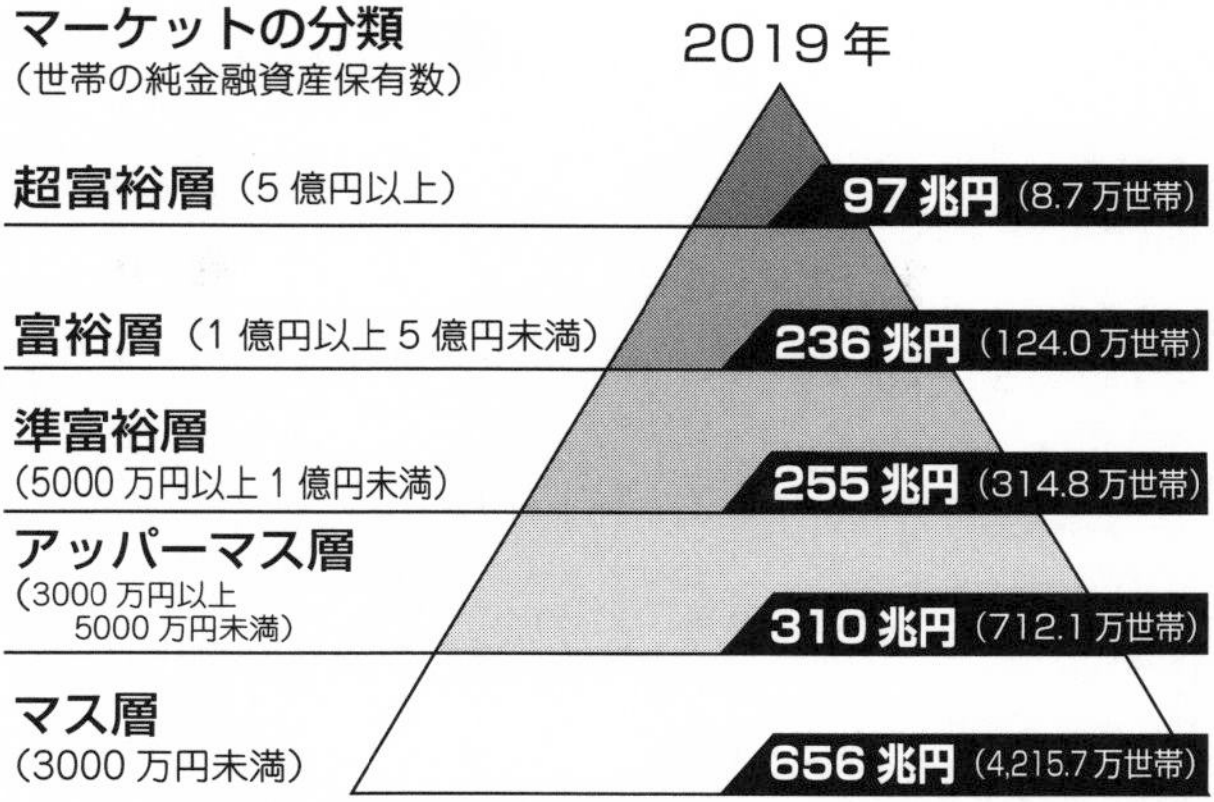

純金融資産保有額の階層別にみた保有資産規模と世帯数（出典：野村総合研究所）

ら20億円くらいを持っている人たちだと感じています。

上場企業のオーナー社長であれば、100億円以上の資産を持つ人も普通にいます。持ち株を売却しにくいことと家族への資産継承を考慮して、「ファミリーオフィス」を設立し、資産管理をしている人もいます。

最近の富裕層についてタイプ分けをすると、主に次の5つに分類できます。①から④までが、今増えている「シン富裕層」で、⑤は従来の富裕層に当たります。それぞれのタイプの特徴をまとめました。

①ビジネスオーナー型

シン富裕層の中ではやや古いタイプ。自分の実力で企業を経営してきた。移住の準備に時間をかける。ロジック好きであり、参考になる新時代の資産形成術（第3章）は、このタイプから学べる。目に見えるモノが好きで、不動産投資をするタイプが多い。自分自身はあまり目立ちたくないタイプが多い。

②資本投資型

開業医や一流企業勤めのサラリーマンなどが、世間一般の平均よりも高い給与を元手に、株式や不動産、最近だと暗号資産投資で増やしていく。親が資産家（代々病院を経営など）のタイプも、一部にいる。

③ネット情報ビジネス型

インターネットを活用し、株式投資や情報商材、動画配信などの新しい分野にいち早く飛び込み稼いできた、ファーストペンギンタイプ。決断が早い。情報入手にお金をかける。ビジネスを一人から少数で行い、外注をうまく使ったマイクロビジネスをしているため、フットワークが軽く、海外にも軽いノリで引っ越す人が多い。

④暗号資産ドリーム型

暗号資産で、数億円から数百億円規模の巨額の資産を手にした人々。暗号資産が乱高下しても、一切売却することなく持ち続ける忍耐力がある（キャッシュが必要となり、一部のみ換金するケースはある）。自身の判断で投資を決断できる人とメンターのアドバイスに従う人に分かれる。地元の友人などを大切にするタイプで、本当は海外にはそれほど移住したくないと思っている人も多い。

これら4つのタイプの「シン富裕層」に対し、古いタイプの富裕層が、次の⑤です。

⑤相続型

親などの親族から、土地、不動産、金融資産などを受け継いだ。守りに入りがち。受け継いだ資産を元手にビジネスを成功させ、①のビジネスオーナー型になるケースもあるが、受け継いだとき以上には増やせない人のほうが多い。突然巨額の遺産を手にして人生を狂わせてしまう人も。

GAFA株をいち早く買った医師

では、彼らが巨額資産を手にするまでに、どのような経緯があったのでしょうか。

まずは「②資本投資型」、すなわち「開業医や一流企業勤めのサラリーマンなどが、世間一般の平均よりも高い給与を元手に、株式投資や不動産投資で増やしていく。親が資産家(代々病院を経営など)も、一部にいる」というタイプから、彼らの成功パターンを解説しましょう。

②資本投資型の代表格として紹介するのは、以前お会いした、年収1億円の開業医の

50代男性です。この時点で、実力で高収入を得ている人ですが、あるとき経営していた病院を売って、10億円ほどのキャッシュを手にしました。2008年頃のことです。

その頃、「資産は円だけで持つのではなく、海外に出して、外貨でも持とう」というブームがありました。そこで彼も、とりあえず1億円ほどを海外に出しておこうと考えました。

特に買いたいものはなかったものの、アメリカ株が良さそうだなと思い、たまたまネットで見つけたアメリカ株の専門コンサルタントに相談料を払って相談し、いろいろと教えてもらったそうです。そこで主にGAFA（Google〈Alphabet〉、Apple、Facebook〈現Meta〉、Amazon）の一角であるAmazon株にかなりの比率を投資をしたところ、1億円が最大30億円ほどまでに膨れ上がったのです。

今でこそ、「GAFA株の時価総額の膨れ上がり方がすごい」と日本でも盛んに報じられていますが、当時はさすがにここまで値上がりするとは、予想した人は少なかったでしょう。この医師も自分では思い至らなかったものの、たまたまコンサルタントからGAFA株を勧められて、そこに大きく投資して、その後もホールドできたので成功しました。そういう有料のアドバイザーから情報を買うという「情報＝価値」もこのタイプは持っています。

彼は子どもの教育と自分のリタイア生活のために、投資家ビザで、アメリカのEB－5という投資ビザ（グリーンカード）、ポルトガルのゴールデンビザ、ドバイの不動産投資ビザ、タイのタイランドエリートビザの4つを取り、ハワイへの移住を実現しました。「リスクヘッジで、可能性はたくさん残しておきたい」という意向でした。

「自宅投資」でサラリーマンでも資産家に!?

さらに、同じ「②資本投資型」の中で、最近非常に多いのが、自宅への投資で稼いだサラリーマンタイプです。「都心マンションの購入を繰り返すことで、確実に資産を増やし続ける」のです。

都心の一等地のマンションは、完成前に購入し、完成・完売して1年くらい経過したら2割乗せて売ることができるくらい、高騰し続けています。東京オリンピック開催に合わせて2020年4月に完成した神宮外苑のマンションも、2年後には約3割ほど利益を乗せて売りに出されています。

こうした「自宅投資家」になることは、それなりの企業の正社員で多額の住宅ローンを組めることと、ローンを背負う自らの覚悟さえあれば、投資の元手となる資産を持っていない平凡なサラリーマンであっても、容易に実行できます。

なぜなら一般的に、年収500万円のサラリーマンなら5000万円ほど借りられますが、夫婦共働きであればペアローンや年収1000万円の上場企業のサラリーマンなら1億円ほどのローンが容易に組めるからです。そして何よりも、「居住用財産を譲渡した場合の3000万円の特別控除の特例」という制度が強い味方となります。これは岸田政権によって不動産の税制が住宅ローン減税を含めて厳しく変更されつつあるため、いつまで現条件が適用されるかわかりませんが、このような不動産の節税制度を前年、前々年度に使用せず居住した自宅の買い換え時の売却益には、3000万円の特別控除が適用できるというものです。

不動産を売却した場合、当然ながら所得税と住民税が発生する可能性があります。しかしこのふたつの税金は、儲けが出たときにしか発生しません（正確には、「課税譲渡所得＝収入金額－（取得費＋譲渡費用）－特別控除額」で算出される金額に、税金がかかってくるということです）。

ここでは一旦、譲渡費用を無視して、最も単純化して例を挙げましょう。1億円で買った自宅マンションが、この税制を活用して1億3000万円で売れたとき、3000万円がまるごと非課税で、自分の利益になるということです。一度使うと次に利用できるのは3回1月1日を迎えた後になります。

この特例を適用しない場合、不動産は5年以下で売却すると、売却益に所得税30%、住民税9%、復興特別所得税0・63%が課されます。合計で39・63%、つまり約1200万円が税金として取られ、利益は1800万円程度となります（仲介手数料等の経費は除外）。ところが、この特例を適用すれば、1200万円を払わずに、3000万円がすべて手元に残るのです。

さらにこの自宅投資を夫婦で行うとすると、おおよそ3年ごとに最大2人で6000

万円の不動産売却益の非課税枠が得られることになります。極端な話ですが10年程度あれば夫婦で最大1億8000万円（3000万円×3回×2名）の売却益が、非課税で手元に残せる可能性があるというわけです（管理費、修繕積立金や手数料や取得税等を考慮せず）。こうした自宅投資で資産を築いた人が、アベノミクス以降でたくさん生まれたのです。

フリーターからいわゆる「億り人」に！

「④暗号資産ドリーム型」の成功パターンは、一定の先見の明と幸運があったという、これに尽きると言えます。

筆者がお会いした投資家の中には「暗号資産で、数億円から数百億円規模の巨額の資産を手にしている人も少なくありません。なかには1000億円以上の暗号資産を保有している人もいました。しかも投資金額が何十倍、何百倍、何千倍と暗号資産が高騰しても、持ち続ける忍耐力がある（キャッシュが必要となり、一部のみ換金するケースはある）。ただし、メンターがいるケースが多く、メンターの指示に従う人と自身で考え決断できる人との二種類に分けられます。地元の友人などを大切にするタイプが多く、本当は海外にはそれほど移住したくないと思っている」という人たちと規定しています。

2017年以降の海外移住の相談者は、本当にがらっとタイプが変わりました。「もしもしぃ。はい。えっとぉ、移住の相談したいんすけどぉ。いいっすか⁇」といった、ラフな口調の電話が、私の会社にもよくかかってくるようになりました。お話をうかがうと地方都市のガソリンスタンドでアルバイトをしている20代前半のフリーターの方が、実は数億円の暗号資産を持っている、といった状況が生まれていたのです。それまでの富裕層とは、まったく違うタイプの人たちでした。このように暗号資産の購入で億単位に上る富を得た人たちは、「億り人」とも呼ばれています。

しかも彼らの多くは、よくよく話を聞いてみると、暗号資産について全然詳しくないことも珍しくありません。友人・知人の誰かひとりが暗号資産について詳しく、その人に教えてもらってたまたま買ってみただけで、大金を手にしてしまったというパターンなのです。

そうした人脈があったこと、そして「勧誘されるほとんどの投資話が詐欺案件と言われる昨今、たまたま投資した暗号資産が詐欺ではなかった」というドリーム要素が非常に大きいのが、この「④暗号資産ドリーム型」の人たちなのです。

しかも彼らは、先見の明はあったにせよ、その後特に投資術を駆使して資産を増やしたというわけでもなく、売ると税金が高いから売れない、それで放置していたら値上がりしただけ、というケースも多いのです。シン富裕層の他のグループと違って、暗号資産グループは、さまざまな投資のプロからビジネスや投資における実力や実績が伴っていないのにお金だけが増えたという方が混在している状況だと言えます。

そのため、次の投資案件が来た場合、彼らの結論の出し方は真っ二つに分かれます。いろいろな暗号資産に思い切って投資して儲かったタイプは、「とりあえず、よくわからないけどお金を出してみよう」と出すし、勧められたから購入しただけという、自身の投資の実力が伴っていないことに気付いているタイプは、「自分にはまったくわからないから、お金なんて一銭も出せません」と頑なになる、その両極端に分かれます。同じような富裕層に見えても、実践で多くの経験を積んでいるかどうかで、その後のビジネスや投資判断をスムーズに決断できるかどうかがまったく違ってくるのです。

友だち8人で仲良く海外移住したいと言って相談に来て、そのままドバイのビザを取り、実際に移住した人たちもいました。彼らも、暗号資産等の投資に詳しい人がグループに1人いて、いつも8人で仲良く、これからどうするかを決めているようでした。20代から40代の男性で、ほとんどが独身者でしたが1人は既婚でした。九州在住で、田舎でやることもないし、みんなでドバイに移住して、投資活動をして生活していきたい、と言っていました。後で分かったのですが面白いことに8人の中の2人は中心人物のメンター以外とほとんど会ったことがないらしく、知り合いでもなかった人がいたことがとても印象的でした。つまり本当の仲良しメンバー8人ではなかったのです。

いろいろな国がある中でなぜドバイなのかというと、ドバイは、先進国に多い「全世界所得課税」という居住者に対して自国を含めたどの国で得た所得にも課税対象とする制度がなく、所得税以外にも譲渡益税、法人税（2023年より変更の可能性あり）や贈与税、相続税もないからです。最近は節税や投資家、最近流行のＦＩＲＥ（Financial Independence, Retire Early）を考えるシン富裕層に、ドバイは大変人気があります。

また日本では、暗号資産が税金面で著しく不利になっています。株式や債券、ＦＸなどで得た利益は、給与収入から切り離し約20パーセントの税率が適用される「申告分離課税」ですが、一方の暗号資産は、雑所得として利益が計算され、給与収入などと合算する「総合課税」方式のため、所得税と住民税の税率がそのまま適用されてしまうと、最大で55パーセントの税金を支払う必要があるからです。暗号資産を売却した場合と暗号資産で商品を購入した場合、暗号資産同士の交換をした場合の３パターンで、課税対象となります。そのため、この８人組もドバイに向かったというわけです。

なお暗号資産は現時点で、出国税の対象でもありません。ただし暗号資産はビザ申請をする際の資料を提出しにくいため、私たちは暗号資産を持つ人が海外移住する際には、ビザ申請がしやすい国を選ぶよう、アドバイスしています。ちなみにどれだけビザ申請用の書類を準備しにくいかと言うと、ビットコインが出回り始めたばかりの、２０１２～２０１４年頃にビットコインを購入したというある方は、暗号資産の取引所もない頃であったため、Yahoo! JAPANが提供するインターネットオークションサービス「ヤフオク!」で買っていました。そうした取得の経緯を、ビザの申請書類に記載する必要があるのですが、その証拠もないのでビザ申請の準備が難航したことは言うまでもありません。

暗号資産はギャンブルなのか?

暗号資産のみで大金を手にしたシン富裕層は、「④暗号資産ドリーム型」に分類できますが、中には「②資本投資型」で、かつ暗号資産で資産を増やしたというタイプの人もいます。

商社勤務で、海外に駐在し支社長を務めていた40代後半の男性は、年収2000万円ほどで、仕事の傍ら株式や債券などの運用をしていました。それに加えて、長年持っていたビットコインが20億円になったので会社を辞めて海外でリタイア生活を送りたい、という希望があり、私に相談に来られました。投資は好きなので今後も投資活動をしつつ、まだ小学生から未就学児の子どもが3人いるため、今後の子どもの教育環境についても考えたいとのことでした。

そこで今後に複数の可能性を残すために、アメリカとポルトガル、ドバイと、3カ国で投資家ビザを申請しました。

彼の持っていたビットコインが20億円にまでなったのは、やはりラッキー要素が強めではありますが、投資好きというだけあって、暗号資産の研究にも熱心でした。2013年頃からビットコインを購入し始め、2014年に起きた「マウントゴックス事件」でも被害に遭ったそうです。マウントゴックス事件とは、当時世界最大級のビットコイン交換業者であったマウントゴックス（Mt.GOX）社のサーバーが、何者かによってハッキングされ、同社のビットコインと預かり金の大半が流出してしまったというものです。しかしこの方はこの事件を乗り越えてその後もビットコインやアルトコインを買い進め、20億円にまでなったということです。

この元商社マンと同じタイプで、年収3000万円の、青森県の40代男性開業医もいました。同じく投資好きで、ビットコインが20億円ほどになり、リタイアして投資に専念したいということでした。彼はオーストラリア、マルタ、タイの3カ国で投資家ビザを取得しました。

「④暗号資産ドリーム型」の人たちは、まさに「シン富裕層」として個性的な人が特に多いのですが、衝撃の失敗談を聞いたことがあります。「暗号資産のウォレットのパスワードが、間違っていないはずなのに開かなくなってしまって、2億円がなくなったんですよ」というものです。「だから大森さん、パスワードって絶対に忘れちゃいけないんですよ」というアドバイスをされ、その常人離れぶりに「そりゃそうだろう」とうらやましさ半分で苦笑いしたものです。

ゲーム感覚で100万円が20億円に！

シン富裕層の中でも「③ネット情報ビジネス型」は、「インターネットを活用し、株式投資や情報商材、動画配信などの新しい分野にいち早く飛び込み稼いできた、ファーストペンギンタイプ。決断が速い。情報入手にお金をかける。ビジネスを一人から少数で行い、外注をうまく使ったマイクロビジネスをしているため、フットワークが軽く、海外にも軽いノリで引っ越す人が多い」という人たちです。

インターネットを使った株の売買が可能になったばかりの2002～2003年頃から、株式投資に専念し、100万円を20年弱で20億円にしたという男性が、海外移住の相談に来ました。彼は東京の一流私大に入学した直後に大病を患い、大学に通えなかったときに、時間を持て余して株の売買を始めてみたといいます。

最初の1年は失敗続きで、元手の100万円がなくなりそうにもなりました。しかしその後儲かったり損をしたりを繰り返し、株式投資にひたすら専念するようになってから増え始めました。結局大学は中退し、実家に戻って、ひたすら個別株の売買に専念したといいますから、完全にプロのトレーダーです。

ライブドア・ショック（2006年）で数億円を失いましたが、その後も頑張って、リーマン・ショック（2008年）のときはあまり損をせず増やすことができ、アベノミクス（2013年〜）で一気に増やし、資産が20億円に達したそうです。

彼は何事にも淡々としていて、特にこだわりのある趣味もないとのことで、30代後半の独身で、株式投資を延々とすることだけが楽しいとのことでした。株も、儲かったとか損したとかで大騒ぎせず、数字が増えると嬉しいな、とゲームのような感覚で取り組んでいました。だからこそ、乱高下する株の世界で勝ち続けられるのでしょう。

その男性は、新宿ナンバーワンホステスの女性と結婚していましたが、私の感覚からすると不思議な関係でした。

ドバイに2、3年移住するというので、「では奥様もご一緒ですか？」とたずねると、「いや、彼女は海外が好きではないみたいだから、行かないと思うんですよね」と言います。

夫は移住したいから行くし、妻は行きたくないから行かない。別々に暮らすことに、何のこだわりもしがらみもなさそうでした。世代的な違いもあるのでしょうか。それぞれが自分の気持ちに率直という印象を受けました。

彼の場合は働かなくていい資産を得て、毎日投資以外やることもなくヒマで、なんとなくクラブやキャバクラに行くようになり、たまたまその中の1人と仲良くなって結婚したとのことでした。

大富豪といわれる実業家が、動画配信などに登場し話しているのを見ていると、話し方や雰囲気など、すべての力が抜けている印象を受けます。表情も変につくらないし、誰に気も遣う必要もなさそうなふるまいです。暗号資産でシン富裕層になった人たちも、そういう力の抜けた雰囲気で、思うままに生きている印象です。

私みたいな凡人は、自分の買った株がどうなるのか、上げ下げするたびに一喜一憂してしまいます。そして焦って、高いときに買ってしまったり、安いときに売ってしまったりするのです。トレーダーは欲がないからこそ成功しています。

ただその方は無欲すぎて、高額なスポーツカーや時計だけでなく、おいしいものを食べたい、などの食に関する欲もなく、「世の中に投資がなかったら、生きる意味自体何も感じられないんじゃないか⁉」と心配になるほどです。人間的な熱さや力強さなどはなく、ビジネスオーナーの対極のタイプで、ある意味「究極のシン世捨人」という感じです。

ビザ申請についても申請費用が多少かかったら「高いね」とは言いますが、淡々としています。

そんな彼から、新たにオーストラリアの投資永住権を申請したいという依頼があったときには、不思議に感じました。本人も「海外にはあまり行きたくないんです。オーストラリアに行ったこともないです。でもとりあえず永住権を取っておきたいなと思ったので、手続きをお願いします」と言われます。理由を聞くと、「北朝鮮がミサイルを打ってくるなど、何かあったときに、日本から逃げられるようにしておく」とのことでした。

驚くかもしれませんが、こうした「有事に備えたいから」という理由で永住権の問い合わせをしてくる人は、実は多いのです。日本の地震の多さを心配する人もいますし、「日本は将来、国家破産する。そんな衰退する国で子育てをするのは、子どもが可哀想だ」と言う人も少なくありません。考え方は多種多様で私自身も色々なお話をうかがえるので日々勉強をさせてもらってます。

インターネットが生んだ新たな「情報ビジネス」

同じくシン富裕層の「③ネット情報ビジネス型」では、情報商材という以前からあるビジネス分野においても新しいトレンドが生まれ、個人で稼ぐ人も増えています。

情報商材とは、さまざまな「ハウツー」をメールマガジンや動画、書籍などにまとめ、ネットを通じて販売するものです。分野は多種多様ですが、金融取引や暗号資産、せどり（中古品販売）、アフィリエイトなど、お金を稼ぐためのノウハウをレポートにまとめ、商品化したものが多く、クオリティもピンからキリまであります。そのようなレポートを5万円で売って、年間300人にでも購入してもらえれば1500万円になります。費用は自身の手間と決済システムの手数料くらいで、年数千万円から数億円稼いでいる人もいます。

商品化して販売するノウハウは、たとえば入門編はPDFでA4サイズ3ページ分が3万円、もっと詳細に書いている5ページ分が5万円などをネットで販売しています。ネット販売であれば、リアルの本屋の店頭と違って返本されることもありません。ほうっておいてもときどき売れますし、内容をアップデートしたら、またそれが売れていくそうです。

ネット上で個人が商品を販売する方法も、今はさまざまなプラットフォームがあり、簡単にできるようになっています。たとえばクリエイター投稿型のメディアプラットフォーム「note」などは、投稿する側が無料か有料かを選んでコンテンツの掲載や販売をできますし、そのページをSNSなどでシェア、拡散することもできます。

そうして不特定多数の人たちにノウハウを切り売りし、そのうえで、強く興味を持った人、もっと詳しく知りたい人には、単価を上げて個別のコンサルティングを行うのです。コンサルも含めて、今はこれらのビジネスはすべてネット上で完結することができます。そのため、こうした情報商材で大成功した人は、海外移住も可能だということです。

情報商材で最近多いのは、「動画配信のやり方」に関してノウハウを販売している人たちです。

19世紀半ばにアメリカで巻き起こった「ゴールドラッシュ」で、実際に儲けたのは、金を掘りに来たプレイヤーではなく、ジーパンを売ったりツルハシを売ったりと、プレイヤーにさまざまな物資を供給したサプライヤーだったと言われています。それと同じように、ごく一部のスターユーチューバーを除き、スターユーチューバーを夢見る人たちにノウハウを売る人たちのほうが儲かるということなのでしょう。

動画配信に関する、「効果的な動画の撮り方」や「編集のしかた」「台本の作り方」などを、商品化して販売しているのです。ユーチューバーになりたい人や、ビジネスで活用したい人たちは大勢いますので、見込み客の母数も多くいます。

他にも、写真・動画共有SNS「Instagram（インスタグラム）」で人気のインスタグラマーが、「インスタでフォロワーを増やす方法」を販売したり、インターネットコンサルタントが「インターネットマーケティングでPVを上げる方法」を販売したりしています。

私が出会った40代男性は、税理士の資格を持っているものの、税理士としての仕事はほとんどしておらず、税理士試験をはじめとしたさまざまな資格試験のノウハウ本を書き、ネット上で売る「情報商材」をメインの仕事にしていました。過去問や参考書を読み込んで、ポイントを要約し、まとめているそうです。その販売で、年6000万円の収入を得ていました。

彼は割り切っていて、「税理士の仕事では高収入は得られない。でも税理士という国家資格を持っていると世間的に信用が増すので、そのために資格を取った」と言っていました。「税理士資格を持っている人が書いたノウハウ本」というブランド力で、情報商材を売っているということです。

1人でノウハウ本をつくっていて、仕事はどこでもできるということで、奥さんとドバイへの移住を検討していました。日本は税金が高く、年商6000万円でも手取りでは約2800万円と、半分以下になってしまうからです。ただ、彼の場合は日本の企業を通して情報商材の販売収入を得ており、そのシステムを変更するのが難しかったため、結局海外移住はしませんでした。

ユーチューバーの収入源は動画投稿ではなくなった!?

彼ら「ネット情報ビジネス型」の中で、いまいちばん華やかな職業といえば、やはりユーチューバーでしょう。

若者世代がテレビよりも動画配信を視聴するようになった昨今、芸能人がユーチューバーになったり、ユーチューバーがテレビに出るようになったりと、その境界があいまいになるほど、ユーチューバーも身近なものになりました。お笑いタレント「オリエンタルラジオ」の中田敦彦さん、元「雨上がり決死隊」の宮迫博之さんなどは、今はユーチューバーとして、動画配信そのものからの広告収入をメインに、動画配信をがんばっているようです。

しかし最近のユーチューバーは、そうした収入よりも、動画配信をきっかけに企業案件（企業のＰＲの仕事）を獲得してくることで稼いでいる人のほうが、圧倒的に多数です。

また、動画の内容を書籍化して出版するユーチューバーも増えています。『本当の自由を手に入れる　お金の大学』（両@リベ大学長、朝日新聞出版）や『ニューノーマル時代の自分で稼ぐ力』（もふ社長@もふもふ不動産、KADOKAWA）などのヒット作も生まれており、そうした印税収入を得るようになった人もいます。

情報商材や動画配信とともに、市民権を得てきたのが「オンラインサロン」です。お笑いタレント「キングコング」の西野亮廣《あきひろ》さんのオンラインサロンは圧倒的なファンを集め、月額1000円で3・4万人前後の会員がいます。動画配信で自分の「ファン」を広く獲得し、その中でもコアなファンにオンラインサロンで課金をしてもらい、収入につなげるという流れができています。前述の中田敦彦さんも5千人程度の会員を獲得している様です。

かつては「素人の動画の何が面白いんだ」などと冷めた目で見られる傾向にあったユーチューバーですが、今は「ユーチューバーこそ、自ら稼ぐ力を持ったプロのビジネスマンだ」というステータスが確立されていると感じます。

私が海外移住のお手伝いをした人で、「売れないお笑い芸人」だという男性がいました。確かに一般的にはそれほど知名度のない人でしたが、彼はユーチューバーとして年収が2000万円ほどもありました。動画配信では、漫才やコントなどのお笑いのネタを披露していたわけではなく、売れない芸人同士でおしゃべりをしていたり、ペットの話をしていたりと、お笑い芸人としてのスキルとは関係のない、一般人がつくるのと同じような動画を、多く配信していました。もちろん話は上手で、何度も見ているとファンになってしまうような楽しい動画ばかりです。そうした一定のファンがいることで、平均年収の約5倍にもなる、多くの収入を得ていたのです。

彼は「今後は生活費の安いアジアの国に移住をして、その国の情報を伝えるチャンネルをやりたい」とのことで、実際に仲間たちと、マレーシアに移住していきました。

一方、これまでに数人のユーチューバーから、「ネット上で『炎上』してしまったので、海外に移住したい」という相談を受けたことがあります。過去の動画での発言が取り上げられて炎上し、日本に居づらくなったので、家族で移住して環境を変えたいというビジネス系ユーチューバーの30代男性は、フォロワーが10万人以上いて、動画配信やオンラインサロンからの収入があり、年収が数千万円から億単位、資産は数十億円に上っているとのことでシンガポールをはじめとした複数の国のビザを取りたいとのことでした。

移住後、ユーチューバーを辞めるのかなと思いきや、今もときどき動画配信を行っているようです。おそらく移住先の海外のどこかから、配信しているのでしょう。

これらの「ネット情報ビジネス」は、個人が集客力を持つことで広告収入を得たり、個人がファンと直接お金のやりとりができるようになったりしたことがターニングポイントとなり、成立するようになったビジネスです。

また、キャッシュレス決済技術の進展もこの風潮を後押ししています。オンライン決済サービスのPayPal、QR・バーコード決済サービスPayPay、スマホ決済サービスのLINEPayなど、さまざまなキャッシュレス決済サービスが増え、オンライン上での支払いが、課金する側にとっても集金する側にとっても容易になりました。今後暗号資産も有力な決済手段となるでしょう。わが社でも留学費用を暗号資産で支払うことができるサービスを2021年から開始しています。

わが社の相談料は「40分1万1000円」なのですが、これも20年ほど前まではお客様に銀行へ行って振り込みをしてもらい、こちらも銀行で記帳してから入金確認をするなど手間がかかりましたが、最近ではネットバンクが常識となりいまではLINEPayなどで瞬時に決済ができるようになり、大変便利になりました。

環境は整ったわけですから、自分がそれなりに自信を持っている趣味などがあって、それを不特定多数の人たちに上手く届けることができさえすれば、ビジネスとして成立することも、大きな資産を築くこともできる時代になったのです。年齢・学歴は問わずです。

日本は保守的で、昔で言う優秀な人は基本的に大企業に勤めるため、こうした個人ビジネスに注力をしている人はまだ少数派です。しかし個人でブレイクスルーすることができるチャンスはどんどん拡大しており、才能ある人材がこれから多く参入していくと思われます。

会社を大きくするよりどんどん起業していく時代

最後に紹介するのが「①ビジネスオーナー型」、すなわち企業経営者です。

本書では「シン富裕層の中ではやや古いタイプ。自分の実力で企業を経営してきた。移住の準備に時間をかける。ロジック好きであり、参考になる資産形成術や生き方は、このタイプから学べる。目に見えるモノが好きで、不動産投資をするタイプが多い。自分自身はあまり目立ちたくないタイプが多い」という規定をしています。

ビジネスオーナーは、「シン富裕層」の中ではある意味昔からいるタイプともいえるでしょう。他のシン富裕層のタイプと比べて、成功や欲望に強い関心をもつ人が多いです。いいモノを買う、いいサービスを受ける、いい家に住むなどの欲求が原動力になっている方が多いです。不動産投資に積極的なのも特徴です。目に見えるモノを好む傾向はもっとも顕著かもしれません。

明治維新後、武士や刀が不要とされても軍隊は必要なので陸軍に入って武士道精神を受け継いでいったように、時代が変わっても前時代の流れを汲んで生き残っているタイプなのです。

仕事のやり方についても、ユーチューバーなどのネット情報ビジネス型の人が、タレントのように自分自身を露出して広告塔になるのとは違って、自身が表に出てこなくてもビジネスが回っていく状態を、集団で目指します。そのためには、人材に投資をし、ビジョンを語り、組織をつくって人を動かすなど、人と金と時間をかけて仕事を進めます。

しかし、経営者とひと口でいっても、やはりシン富裕層として成功をおさめる人の特徴は、前時代の常識とは違う点があります。それはつくった会社を巨大化し続けるというベクトルではなく、アメーバのように新規事業を多角的に手がけるという点にあります。既存のビジネスは人に任せてフットワーク軽く新しい分野を開拓していく、という起業に特化するタイプです。

そうしたことから、ビジネスマンとして示唆に富む教えを与えてくれるのは①ビジネスオーナー型で、個性的で面白い人が多いなと感じるのは、③ネット情報ビジネス型や④暗号資産ドリーム型のタイプです。

最近は日本でも若くして大きな資産を築く、スタートアップ企業のオーナーも増えてきました。以前、40代男性で、IT分野の上場企業のビジネスオーナー本人から、秘書を通さずに直接「海外移住に興味がある」とお問い合わせをいただいたことがありました。マザーズ市場上場数年目で、時価総額で数百億円相当の自社株も保有し、キャッシュでは10億円ほど保有していました。「ひとりっ子の教育のために、海外移住をしたい」とのことでした。

ただし上場企業のビジネスオーナーともなると、海外移住は少々難しくなります。オーナーが日本の非居住者になると、借入金をしている日本の銀行や幹事証券会社、ステークホルダー（利害関係者）、特に投資家への影響を考えると直ぐに実行に移すことは難しいようです。そのため、結局家族だけが移住するというケースもよくあります。

ただ、彼が希望したニュージーランドの場合は、永住権取得後の滞在義務はありません。そのため、仕事に余裕ができてから移住をするという選択も可能になります。

ちなみに教育熱心なのは奥さんのほうで、社長本人は、子どもの教育にはあまり興味がなさそうでした。自分自身が高学歴で有能だからか、「日本でも普通の公立小学校に行かせているし、ニュージーランドでものびのびと自由に育ってくれればいい。勉強は、本人のやる気が出たときにすれば、成績なんてすぐ伸びるから」と言っていました。親が優秀すぎると、「子どもは公立でいい、塾にも行く必要はない」というケースがよくあります。

教育目的で海外移住をしたいというシン富裕層の人たちを見てみると、教育熱心なのは親自身の学歴が比較的高くない方が多く、ご自身が悔しい思いをしたり、英語が苦手だったりで、苦労した、あるいはコンプレックスがあった、というケースがほとんどです。収入や所得は関係なく、どうしても親自身の経験が投影されてしまうのが、子どもの教育問題と言えるでしょう。

第2章

富裕層になれる人、なれない人

シン富裕層の多くは「一個人」からスタート

たいていの人は、「自分も何億円もの資産を持つお金持ちになりたい」と思うことでしょう。かくいう私もそのひとりです。仕事柄、2万人を超えるシン富裕層と会い、その資産形成術を聞いてきたため、せっかくならそれを実行してみようと、自分なりに行動もしてきました。

そこで第2章では、シン富裕層の行動や習慣、思考などを紹介し、第3章では、シン富裕層に近づくための技を紹介します。資産形成術のヒントとしてもらえればと思います。

さて、お金持ちになれたシン富裕層と、なれない凡人との違いは、どういったところにあるのでしょうか。

まず大前提として、はじめに伝えたいのは、庶民からお金持ちになった多くの「シン富裕層」たちは、そのほとんどが〝ソロ活動〟だということです。

一般的に、「富裕層って本当にずるいよね。いい儲け話が来るから、資産を築けたんでしょう?」などと、嫉妬の気持ちも絡んで誤解されがちですが、富裕「層」というグループは、実際はどこにもありません。

前の時代の富裕層、たとえば「地元の名士」と呼ばれる地主や政治家一家、創業家一族だったり、芸能人だったりは、ある程度の連帯があり情報も交換できていたのでしょう。しかし、シン富裕層の人たちは、一人ひとりが個人で頑張り、資産を築いてきたというタイプが圧倒的に多いのです。

それぞれが自分で調べたり、考えたり、一生懸命人脈をつくったりと、自分で選択して行動し、失敗したり成功したりしているのが、シン富裕層なのです。そうした努力の結果、資産をつくってきたのだということは、みなさん知っておくべきでしょう。

ただ、実際に成功し始めると、その資産を目当てに集まってくる悪い人たちがいて、そうなると玉石混交、さまざまな情報が入ってくるようになります。

詐欺に遭ったという話も、シン富裕層からは非常によく聞きます。知り合いに「こういうビジネスがあるんだけど、出資してくれないか」と頼まれて、出資をした途端に雲隠れされ、本当にそういうビジネスをやっていたかどうかもわからないとか、新しい暗号資産をいち早く買わないかと誘われて、買ったらすべてが無価値になった、などです。昔でいうところの未公開株や原野商法の詐欺に当たります。。

投資話は資産に応じて来るようで、5000万円持っていると500万円くらいの投資話が来るし、数十億円持っていると数億円の投資話が来るといった具合です。資産によって出しやすい額というのがあり、詐欺師もそのあたりの相場をよくわかっているのでしょう。「あのときは結構大変だったんだよ。よくわからないものには、もう手を出さないことにした。今後のためのいい勉強にはなったよ」などと話しているシン富裕層は多いのです。

「これをやれば絶対に儲かるよ」と言ってくる人は、大体怪しい人です。絶対に儲かるなら自分ひとりで儲ければいいのに、人に勧めてくるというのは、大半の場合は裏があるものです。

詐欺師は本当に多いですし、言葉は巧みです。何か仕事をお願いしたら、完璧にできたりします。それで人に信用してもらって、少しずつ騙していくというわけです。

プロ野球日本ハムファイターズの「ビッグボス」こと新庄剛志監督も、現役時代の年俸やCM契約で、数十億円の資産を築いていたにもかかわらず、管理を人に任せっきりにしていたらほとんどが横領され、資産がなくなり、バリ島に移住した経験がおありです。シン富裕層は、自分の資産を狙う詐欺師も近づいてくるかもしれないということを、肝に銘じなければならないのでしょう。そのために、人を信じられず、〝孤独〟を感じてしまうシン富裕層も多そうです。

決断がとんでもなく早い!!

決断がとてつもなく早い、というのはシン富裕層の大きな特徴だといえます。

実際、「③ネット情報ビジネス型」は、フットワークも軽く、即決型です。海外移住の相談に来られるお客様も、ひと通りこちらから説明すると「ああ、わかりました。じゃあ、移住の手続きをお願いしていいですか?」とあっさり決断されます。

ただ、「④暗号資産ドリーム型」は、前章に書いた通り二極化しています。自分で暗号資産について研究し計画して買うことを決めた人は、ほぼ即決です。

その一方、人の話に乗っかってたまたま大金を得るラッキー体験をしたという自覚のある人は、なかなか決断ができません。

大きな決断をすばやく決めて成功した人は、即決することに価値があると思っているのです。その成功体験が崩れない限りは、人はその習慣を続けるものです。

また成功体験は、早いうちにしたものほど、その人の考え方に大きな影響を与えます。私も大学卒業後に証券会社に勤めていた頃、上司や先輩たちから「初めての客には必ず、ちょっとでもいいから儲けさせろ。絶対に損はさせるな。儲かっている間に利益を確定させろ」と言われていました。最初にひと儲けしたという成功体験ができれば、投資が面白いと感じ、続けるようになるからです。反対に、投資を始めてすぐに少しでも損をすると、それがトラウマになり「投資をやらなければよかった」というマインドになってしまうのです。

日本人に投資嫌いの人が多いのは、1990年代初頭からの株価暴落や不動産バブル崩壊時のトラウマが大きいからだと私は思っています。日本人はバブルで大儲けをした後、投資したもののほとんどが焦げ付いてしまい、「失われた30年」と呼ばれるデフレ不況に陥りました。これは政府や日銀の政策が悪かったなど、いろいろな側面があるかもしれませんが、特に残念なのは、日本がバブルの頃、日本以外の海外諸国は日本より景気が悪かったため、日本人や日本企業が世界中のいろいろなものに投資をしたものの、そのほとんどが儲からずに終わってしまったことです。

一方の中国は、中国がバブルに突入していた頃、世界も同時にバブルでした。そのため、国内外で儲かったお金をさらに投資に回して、どんどん儲かっていきました。この状況の違いが、日本人と中国人の投資マインドを大きく変えたと思っています。

以前、海外移住の相談に来た中国出身のお客様は、90年代に上海や北京にマンションを3つ、それぞれ500万円くらいで買っていました。それが今、ひとつ3億円ほどになり、10億円近くを持つ資産家になっていました。彼に「5000万円くらいの物件をポルトガルで買えば、ゴールデンビザが取得でき、最終的には永住権や市民権（国籍）が申請できますよ」と伝えると、即決で「じゃあ、買います」とのことでした。過去の成功体験があるからでしょうが、中国系の人の多くは投資に関して、決断が非常に早いという印象を持っています。

私が見てきたシン富裕層の人々は、基本的に各自の「動物的勘」、直感を信じて行動してきた人が多いように思います。自分が「いいな」「やりたいな」と思ったら、理屈などではなく、取り組んでいるのです。

その直感は、自分自身でものを判断する機会にどれだけさらされてきたか、失敗や損失などのリスクを前にして、自分ひとりの責任のもとにどれだけ決断をしてきたか、その場数によって磨かれてきています。

そういう意味で、「①ビジネスオーナー型」「③ネット情報ビジネス型」のふたつのタイプは、決断の場数が多いために、直感が研ぎ澄まされています。

「②資本投資型」の医師や一流企業勤めの人たちは、投資などでシン富裕層になれたとしても、これまで組織に守られて仕事をしてきたために、ビジネスオーナー型やネット情報ビジネス型の人たちと比べると、直感の精度や決断の早さが比較的劣っているように見えます。

損得よりも仕事の面白さが優先

別の言い方をすれば、シン富裕層は、「お金持ちになりたい」というモチベーションで働いているのではなく、その仕事をやりたい、面白い、と思っているから動いている（働くのではない）ようにも思えます。お金はあくまでその結果としてついてきたということです。

「③ネット情報ビジネス型」と、「①ビジネスオーナー型」は、仕事が趣味で、好きで働いていています。元気いっぱいなのが特徴です。

その一方で、「②資本投資型」は、本業で疲れてしまっていて、リタイアしたい、その後は働きたくない、と思っている人が大半です。患者の多い開業医や外資系のコンサルタントなど、土日もほぼなく働きづめで、寝る暇もないような状況で、疲れ果てているのです。そのためぐったりしているというか、ネガティブなオーラが出ている方も少なくありません。特に開業医は、ものすごく素直な性格の方が多く、時間がないうえにかつ疲れているので、詐欺に遭ったり投資に失敗したりする人も非常に多いようです。

評判のいい人気の病院ともなると、平日は休みなく診療し、さらに土曜日や日曜日の午前中まで病院を開けて患者を診ているケースも多いため、医師はほとんど休みが取れません。

「1日に200人から300人の患者を診ているので、1人あたり2分しか診ることができない」

と、ある海外移住を実行した医師は言っていました。昼食を食べる時間も取れず、車で往診に行く間に急いで弁当をかきこむ生活で、それを10年続けていたら自分自身が病気になりそうに思えたので、リタイアしたくなったそうです。その分、年収は1億円もあり、病院の売却でも10億円を手にしたため、アメリカの永住権を取得され、その後ハワイに移住しました。

ところが、その方は3年も経つと「飽きた」と言って、東南アジアで病院の立ち上げを始め、忙しく過ごすようになっていました。

東南アジアでの医療ビジネスには、大きな可能性とチャンスがある、と生き生きと語っていました。その後は日本に帰ってきて、訪問看護の会社を立ち上げ、数店舗経営していました。新型コロナウイルスが流行する前のことです。

高齢社会の日本では、自分で病院に通うのも難しい患者が増えていて、在宅医療が非常にニーズが増えているそうです。やはり、ビジネスチャンスを見つけ、それを形にするのが好きな人なのです。

リタイアすると意気込んでいても、結局は「何もやらないのはやっぱり物足りない。人生で一番良くないのは、やりたいことがなくなることだ」と言う人が大半です。仕事然り、投資然り、自分にとって「何か面白いもの」を、みなさん常に探しています。

ただし例外として、「④暗号資産ドリーム型」は、「⑤相続型」と同様、「早くリタイアしたい」と思い続け、実際にリタイアし、タイやマレーシアなどの物価が安い国で節約しながら生活したいという人が大半です。このふたつのタイプは、資産を持つ経緯は大きく異なりますが、実は似ています。暗号資産ドリーム型は、暗号資産の価値が上がったり下がったり不安定ですし、相続型は、今後は投資が成功する自信がなかったり、収入があまり増えない可能性がありますから、守りに入ってしまうという点で似ているのでしょう。

暮らしぶりはシンプルというより地味!?

シン富裕層は全体的に、物欲がなく、小綺麗にはしているものの服装に無頓着、というタイプが多いようです。

特に私が会う若い男性のシン富裕層は、冒頭にも書きましたが、一見するとリッチに見えないどころか、ふつうの大学生のような印象を受ける人さえいます。街中で見かけてもきっとわからないでしょう。

ボトムスはたいていスウェットパンツです。ジーンズでもコットンパンツでもましてやスラックスでもありません。恐らく、「着心地がラクだから」という理由でそういう格好をしているだけなのでしょう。高価なブランドのスウェットというものでもなく、ユニクロなどのスウェットパンツをはいているのです。

ホリエモンこと堀江貴文氏や、ZOZO創業者の前澤友作氏は、Tシャツやスウェット、パーカーなど、カジュアルな服装のイメージが定着していると思いますが、シン富裕層の男性はみなさんあんなファッションの人が多いのです。

シン富裕層の奥さんの服装はというと、やはりこれも基本的には地味です。まれにゴージャス系の人もいますが、お金を持っていれば持っているほど、〝普通の服装〟をしています。

夫婦ともに、ブランドものの時計やバッグを持ったり、ゴルフやヨットなど高級な趣味のものを買ったりもしません。必要だったら買ってもいいけど、特に欲しいものもないな、と淡々としています。

昭和のお金持ちのイメージでは、「あれを買いたい」「これをしてみたい」といった直結型の欲望でのし上がったタイプが多かったように思いますが、苦労してお金持ちになったから贅沢をしたいという昔ながらの成金的な発想をもっている人はいません。

それは住む家にも表れていて、「①ビジネスオーナー型」と「②資本投資型」で自宅を投資と捉えているタイプだけが、住む場所のブランド力や子どもの住環境を重視し、こだわりをもっていますが、これも贅沢をしたいという目的ではありません。

ほかのシン富裕層では、資産を持つ前に元々住んでいたところにそのまま住み続けているという人もたくさんいます。コツコツ稼いで少しずつ給与が上がったわけではなく、急にうまくいって一気に資産を手に入れたので、少しずついい部屋に移り住む、というステップがないのです。

恋愛や友人関係も、お金を持ったからといって特に変わることなく、それまでの自分の生活圏内の人づき合いの中で、つき合いを続けています。

情報を取るのも、自分たちのネットワークの中でやっていて、派手な交友関係などは見かけません。

「③ネット情報ビジネス型」のユーチューバーに限っては、視聴数を稼ぐために、派手な格好をしたり「パリピ」的な行動をしたりすることもありますが、それでもやはり、私生活は「普通」という人が多い印象です。派手な高級車に乗っている様子をアピールすると税務署に目を付けられる可能性もありますし、派手にしても特にいいことがないのでしょう。というより、そもそも、そこに興味がないのかもしれません。

シン富裕層は、お金の使い方も、凡人とはいろいろと違います。

ハワイに移住したいというとあるクライアントは、ハワイに視察に行く際のホテルの宿泊代が1泊2万円でも、「高いよ、もっと安いホテルはないの?」と言っていました。資産が10億円以上あるのにもかかわらず、です。

「ハイシーズンでこれ以上安いホテルにすると、ホテル内や周辺にレストランもないような立地のホテルになってしまって、コロナで営業している店も減っているので大変ですよ」と説明して、何とか納得してもらいました。本人の服装も、ユニクロや着古したもので、ハイブランドには全く関心がないようでした。

しかし非常に家族思いで、高齢のお母様が病気になったときは、血液中の酸素濃度を高めるという「高気圧酸素カプセル」を、毎月数十万円払ってレンタルしていたようです。これには驚きました。

子どもの教育に関しても、予算の上限なくつぎ込むシン富裕層は多いです。

私たち凡人の多くは、自分自身の食事費や教育費を節約して、高級な商品やサービスにお金をかけたいと思いがちですが、シン富裕層は逆なのだな、と痛感したものです。

SNSで過剰なアピールをするのは詐欺師？

この一見資産家には見えない地味な姿と生活、というのがシン富裕層の特徴ではありますが、その対極的な存在としては、いわゆる詐欺師が多いのではないかと思います。

それは富裕層の近くにいて投資話をもってくる人でもあります。ビジネス系のシン富裕層から教えてもらった見分け方は意外と簡単なものでした。

「何の仕事をしているか聞いても、よくわからない」
「本人や取り巻きの身なりが派手、高価な買い物をしたことをアピールする」
「SNSに関係がよくわからない大勢の人が写っている写真をメイン画像にしている」

この3つに該当する人は、詐欺師の可能性があるので要注意だそうです（笑）。

100人レベルの集合写真をSNSのトップ画像にあげている人はまず怪しいです。自分がこれだけ多くの人を集められる、支持されている、ということをアピールしているわけです。逆に言えば他人をつかわないと信用してもらえないと言っているようなものです。シン富裕層は、むしろFacebookをやっていない人が大半です。

最近の詐欺師は、投資詐欺や暗号資産詐欺、ネットワークビジネスなどをしているケースが多いです。それを情報商材やオンラインサロンを通じて行うタイプもいて、国民生活センターなどに苦情が殺到しているケースもあります。もちろん、情報商材やオンラインサロンで本当に有益なノウハウを出している人もいますので、きちんと区別しないといけませんが。

一度ネットワークビジネスをしている雰囲気のお客様から、「すごくいい話を聞けるから。とりあえず来ればわかるから」と、講演会に呼ばれたことがあります。たまたま時間があって行ってみたら、わりと多くの人が参加していましたが、あきらかに胡散臭い講師の「ここだけのいい話」に、ものすごく熱心にうなずいていました。人が多く集まるから雰囲気にのまれて信じてしまうということはさきほどのSNSの写真に通じるものがあると思います。途中で嫌な予感がして帰ってしまいましたが……。

実はこの詐欺師タイプも海外移住の相談には来るのですが、身なりが派手な割に、大金は持っていないケースが多く、結局、移住もしないというか、できない人がほとんどです。

富裕層は「儲かった」「損した」に振り回されない？

さて、これらのシン富裕層の特徴を踏まえて、自分がお金持ちになるにはどうすればいいのか、という実践編に入っていきます。

まず株式投資に関しては、「欲をなくす」よう、精神力を鍛えるしかありません。お坊さんのような無の境地に入るのです。投資は「お金を増やしたい」という欲があって始めるわけですから、真逆の矛盾することをしなければならないということです。

株は、下がっているときに買い、上がっているときに売る。単純なことですが、考えれば考えるほど、欲に負けたり、恐怖に負けたりしてしまいます。それに打ち克つ精神力が必要なのです。とは言ってもなかなか難しいので、経験を多く積むことが大切で、経験を積んでいる最中に大きく損をしないことも重要となります。

投資で成功しているシン富裕層は、本当に肩の力が抜けた、欲のなさそうな人たちばかりです。「300万円損しちゃったけど、もうちょっとしたらここでさらに買っておいたほうがいいかな」くらいの冷静さが必要で、「しまった、この100万円があればマンションの頭金になったのに！」などと後悔する人は、株には向いていないのです。私は投資アドバイスやコンサルティングもしていますが、自分自身の投資に関してはどうしても欲が消せないため、大成功するわけなんてない、と思っています。それをわきまえていると無駄に大きなリスクをとらないので、そういう意味では自分を褒めてやりたいと思います（笑）。

一般的なアドバイスとしては、ひと言で言うと無一文にならないよう、リスクの大きすぎない投資をいくつか行いながら、自分の勝ちパターンを見つけるまで頑張りましょう、としか言えません。投資による自己破産はできないので、レバレッジをかけ過ぎないことが重要です。

他によくあるアドバイスとして、「S&P 500 (Standard & Poor's 500 Stock Index：S&P ダウ・ジョーンズ・インデックスが算出している、アメリカの代表的な株価指数) の投資信託で、ひたすら毎月積み立てよう」というものがあります。しかしこの投資方法は、負けはしないけれどさほど勝ちもしないと思います。理由は皆が良いという投資は既に遅いからです。

欲を消せない人が、もうひとつ取れる手法としては、信者のように信じ込むことです。金融マンが一生懸命に勉強して、投資の手法をロジックで固めるのは、頭で考えて決めておかないと、どうしても感情に負けてしまうからです。買付額や売買のタイミングなど、すべて事前に数字とロジックで決めて、その後は決めたことを行動に移すことが重要で「急落したので、今なら割安だ」と考えて買わないことです。

投資で勝ち続け、何億も稼いで「シン富裕層」になれるほどの人とは、欲から解放された人か、ロジックを信じて実行し続けられる人なのです。とは言っても、相場が過熱するとまた新しい理論が出てくるのでロジックと言ってもこれだけ知っていればいいという単純なものではありません。

「信じ込む」力がすさまじいなと感じるのが、暗号資産に投資をしている人たちです。信じている誰かに任せて、あるいは依存して、それがたまたま成功しているパターンの方も多いのです。戦国時代、一向一揆の信徒たちが「南無阿弥陀仏」と唱えながら、信長軍に突っ込んでいったようなものでたまたま上手くいったのが、暗号資産のアルトコインの中でも草コインなどでシン富裕層になった人たち。「④暗号資産ドリーム型」の人たちの中にも多く含まれます。

暗号資産のなかでも特にアルトコインは値動きが激しいですから、高値のときに売って利益を確定しなければなりません。下がってしまえば資産が大きく目減りしてしまいます。しかし、彼らは「値動きはしょうがない。でも持ち続ければ、絶対に上がる」と信じ込んでいます。だからこそ、10億、20億、100億……とひたすら忍耐強く持ち続けることができたのです。

暗号資産でシン富裕層となった人たちの中で、これまでで最も資産が大きかったのは、アメリカのフィンテック企業リップル社が提供する暗号資産「リップル」の時価総額が、最大で1000億円ほどになった20代後半のスポーツマン風の方でした。

彼自身はプロスポーツ選手にはなれず、会社勤めもしたことがなかったものの、プロになったかつての先輩たちにベンツなどの高級外車を販売するなど、優良顧客の御用聞きのような立ち位置で仕事をしていて、年収数千万円以上の収入を得たときもあったとのことでした。それを全額、リップルにつぎ込んだそうです。

今から10年ほど前の、まだまだ海のものとも山のものともつかないとされた暗号資産の中でもアルトコインにそんな大金をつぎ込む時点で、普通の感覚では出来ません。買った後はそのまま放置していたといいますがその後、そのときのお金が何万倍にもなったというわけです。彼もリップルのことを「忍耐強く信じていた」ということなのでしょう。

他にも、夫婦で話し合って暗号資産に投資をしていた40代夫婦は、数年前にとあるアルトコインに500万円を投資し、それが今や5億円ほどになったため、夫婦でリタイアしドバイに行きたいと相談に来られました。夫婦ともに上場企業のメーカーに勤めており、小学校低学年の子どもも1人いて、海外で英語教育を受けさせたいという希望もありました。

500万円で購入したアルトコインが、一時は10万円程度まで暴落したこともあったそうです。それでも、彼らはまったく不安ではなかったと言います。「この暗号資産は必ず上がると思っていました。明日1円になったとしても、全然心配はしていません。いずれ必ず上がりますから」と。このように、暗号資産ドリーム型は、暗号資産をとことんまで調べて、将来の値上がりを宗教のように信奉できるのです。

この夫婦は、誰かからこの暗号資産の良さを聞きつけて、自分たちでもあれこれ調べながら投資することを決めたそうです。出回り始めたばかりの暗号資産は、日本国内でテレビCMを流すような取引所では取り扱っていないことがほとんどで、海外の銀行にわざわざ口座をつくり、海外の取引所で購入をすることになりました。買える人が少ないうちに買うことで、価値が大幅に上がりやすいわけです。

その海外の取引所が将来的にどうなるか誰にもわからない中で、数百万円を投資するのは、なかなかの勇気がいります。失敗すれば500万円がゼロになるかもしれない。

でもそうしたリスクを取って、未知のものである暗号資産に投資をしたということなのです。

私もコロナショックの頃、1ビットコインの価格が90万円のときに1つ、しばらくして75万円になったときに1つ、ビットコインを買ってみたことがあります。もっと安くなったらさらに買い増しをしようと思っていたものの、日に日に下がってついには50万円となったのを見ていると、もっと下がるのでは?と怖気づいてしまって買えず、2021年春にようやく200万円くらいまで上がったときに売ってしまいました。結果的にはプラスになったからいいのですが、2021年秋に1ビットコインが750万円を超えたときには、「なんであの値下がりしたときに、もっと買わなかったんだろう」「なんでもっと売るのを我慢できなかったんだろう」などと後悔したものです。これが凡人の思考で、大きなリスクを取る行動ができず、変に余力を残してしまうのです。

億を超えるまで、何があっても信じて持ち続けられるというのは、億り人たちのすごみです。

信じる力が強い彼らは、自分に暗号資産のノウハウを教えてくれた人にも、強い信頼を寄せています。暗号資産をどういうふうに売買すればいいのかわからないため、ノウハウを教えてくれる人にどこまでもついていくのです。

暗号資産仲間の友だち8人で、海外移住をしたという人たちのエピソードを前章に書きましたが、リアルな世界ではまったく面識のない人たち同士で、一緒に海外でビジネスをするために移住をするという人たちまでいます。暗号資産投資のリーダー格の1人が海外移住を決め、まったく関係性の脈絡がない人たちが、それに付いて行くのです。LINEやメッセンジャーなどでやり取りをしたことはあっても、会ったことはないという人たちが、海外移住の相談のために集合し「どうも初めまして」とあいさつを交わす光景は、非常に不思議なものでした。

そういう意味で、「④暗号資産ドリーム型」の人たちは、胆力があるとも言えます。怪しい存在だった頃の暗号資産を聞きつけて、そこに何百万、何千万円も賭けるなんて、凡人にはなかなかできないことです。それでお金を失った人も多くいるわけで、それが何万倍にも化けたのは、本当に幸運としか言いようがないのですが……。

彼らは誰よりも早く暗号資産の可能性を知り、そこに賭けたことで巨額の資産をつくりました。これからの時代はこのように、新しい情報をいち早く知っているかどうかで大きな違いが出るというケースが、もっと増えていくことでしょう。ただしその情報は本当に玉石混交ですから、繰り返しますが、こうすれば100%稼げるなどという夢のような話はありません。

読者のあなたにお勧めできることとすれば、ひとりでコストをかけずに自分の得意分野を使って情報商材ビジネスをするか、さらにそうした小さいビジネスを、複数同時に行うか、株式投資をリスク管理し経験を積みながら行うか、などです。運に任せて暗号資産に賭けるのは、ハイリスクハイリターンだということは肝に銘じておきましょう。

価値観のしがらみから自由になれるか

情報やサービスへのお金のかけ方に関しては、シン富裕層の中でも、タイプによって大きく異なります。

「③ネット情報ビジネス型」の中で、情報ビジネスを仕事にしているタイプは、ノウハウやアドバイスなどには即決でお金を払います。なぜなら、自分自身がこれまで、そうやって専門家からノウハウを買うことで成功してきたし、自身が価値があると思っている情報商材を販売していることもあるからです。ただし株式投資家やFXトレーダーは、自分の努力でコツコツとやってきたという自負があり、情報にお金をあまり払おうとしません。

投資と不動産管理の仕事をしているある男性は、さまざまな投資商品を勧誘してくる投資コンサルタントに、1回100万円の相談料を払って何度も通っていました。私が紹介した海外移住先のホテル代や現地を案内するガイド代、ホテルから空港までの送迎代が「高い」とおっしゃるような方なのですが、自分が信じているコンサルタントには、ポンとお金を出すのです。自分の中で、支払っていい値段かどうかの基準があるのでしょう。お金の使い方が、香港人や中国人に近いなぁと思います。

極端なたとえですが、おそらく彼らは「自分が100億円持っていて、0になるか、倍の200億円になるか」という瀬戸際に立たされたときには、おそらく10億、20億払っても、ベストなアドバイスを買おうとするでしょう。

その逆で、情報やサービスを値切ろうとし、時間をかけて交渉したがるのが、「②資本投資型」の人たちです。特に大企業のサラリーマンは、何かを購入するときにどこが一番安いのか、「相見積もり」を取ります。アマゾンや楽天で購入するような消費財なら良いのですが、先ほどの「0か200億円か」という瀬戸際でも、ベストだけど高額なアドバイスよりも、安いアドバイスを探して相見積もりを取ることになるのではと心配になります。相見積もりは、消費財などで、どうしてその商品に決めたのかという理由を上司などから聞かれたときに、「値段だ」と言えば説明がつきやすいからということが多いと思われます。逆にサービスなどの場合、「クオリティーだ」という理由では説明が難しいから、そうするというだけのようなのです。相見積もりを取って価格を基準に発注先を決めることは凡人の発想です。

この「②資本投資型」は、「④暗号資産ドリーム型」と、ビジネススキルに大差はないと思います。もちろん一流企業はそれなりの信用がありますから、相見積もりを取る相手もみんなそれなりの大手企業で、相見積もりで結論を出しても大きなクオリティーの差はない、という背景はあります。しかし問題は、いざ肩書のない相手と対峙するときに、相手を見る目がないと大変なことになるという点なのです。そういう意味でも、日本企業は相見積もりの習慣でダメになったと、私は思っています。つまりは、相見積もりに甘んじ、良いものを自分で見抜く力が身についていないということなのです。

さらに日本のサラリーマンは、上下関係を重んじ、目上の人を立てて丁寧な対応や言葉遣いをします。それ自体はいいことなのですが、企業勤めが長くなり、「自分の独自の考えよりも、上の指示に従って仕事をすべきだ」という働き方を長くしていると、どうしても考え方にまで影響が及んでしまい、判断力、目利き力が衰えていくように思います。

最近、「アート投資」が話題になっています。美術品の値段とは、作品のクオリティーはもちろん重要ですが、ストーリーや話題性、普遍性、今後このアートがどれくらいの価値を持つものになるかなど、目利き力が試される世界です。当然相見積もりは使えません。世界の投資家の多くが日本のアートに注目すると言うことは新しい投資家が入ってくる、つまり価格が上昇することを意味しますので、今後まずます注目されるアートへの投資を考えることも重要かも知れません。アートに限らず、たとえば10年前まで二束三文だった日本の旧車も信じられない値段まで価格が上昇しています。これからは自身の基準で判断するための「価値を考える訓練」が必要になってくると思います。

サラリーマンの人は、価値判断を価格のみに頼らず、本質的な価値を考える訓練をしなければならないということを肝に銘じるべきではないでしょうか。

言い換えると、シン富裕層は上下関係などのしがらみにとらわれない人たちです。特に30代までにシン富裕層になった人たちは、長年同じ企業に勤めていたということもないため、「しがらみをつくる間もなかった」と言えます。

またシン富裕層は、そもそも「この人は年配の方だから詳しい」といった発想は持っていません。「投資に成功している人」「フォロワーが多いから稼げる人」などが賞賛される実力主義の世界にいるため、「この人は実力があるかどうか」の二者択一で人を見ていて、他の要素は関係がないのです。

そういう意味で、シン富裕層は相手の実力の有無を見極めるために、会話の中で発せられる言葉もすごく重視していると感じます。

海外移住の相談者たちも、こちらの話をしっかりと聞いて、個人情報をすべてさらけ出して手続きを任せられる相手なのかどうかを吟味しています。会話の中でこちらがさまざまなノウハウを持っていることを見極めたうえで、「ああ、おたくなら大丈夫そうですね。ではお任せします」と決断をしていただいているのだと感じています。

資産はあるのに現金がない「億り人」!?

「④暗号資産ドリーム型」の中には、暗号資産を「買ったことしかない人」が多く、売った経験がある人が非常に少ないという特徴もあります。なぜなら売ると売却益に雑所得の税金がかかり、最大で半分ほど払うことになりますから、前述のリップルを1000億円以上保有している人が1000億円分の暗号資産を現金化しようと思うと、所得税はおおよそ500億円になるわけです。

凡人からすれば、差し引き500億円もあれば十分じゃないかと思いますが、いざ1

000億円持つと「5000億円を失ってしまう」という発想になるようです。1億円分の暗号資産があれば「売ると5000万円取られる」と思ってしまうのです。

ただしドバイに移住し、日本の非居住者となってから暗号資産を売ると、売却益に税金はかかりません。それもあって、最近はドバイへの移住が人気です。

しかし日本も、累進課税ですから、元々の年収が低く、暗号資産を少し売るだけなら、それほど税金を取られるわけではありません。しかも暗号資産は雑所得扱いですから、利益が20万円以下になるように売れば、税金はかからないわけです。

しかし億り人たちの頭の中は、「暗号資産を売ったら半分が税金」という考えが染みついていて、「ゼロか100か」という発想になっています。そのため、暗号資産のビットコインで評価額が3億円になっているのに、現金がなく生活に困窮しているという、不思議な状況に陥っている人もいました。

こういう人は、情報にお金を払いたくない、情報はタダだ、という発想になっています。そのため、税理士にお金を支払ってまで相談したこともないようです。

たとえば3億円相当の暗号資産を持っていて、法定通貨の円に換えたい、でも1億5

千万円を税金で払いたくない、と悩んでいるのに、税理士に2時間相談して数万円の相談料の支払いをケチるのです。そしてネットで拾った不正確な情報に惑わされ、「とりあえず住民票を抜いて海外移住しておけば、暗号資産を売っても税金はかからないので、海外移住の手続きをしたいです」などとお考えになる方も少なくありません。

住民票を抜けば住民税はかかりませんが、実際に移住もせずに、住民票を抜くだけで、所得税課税対象の「日本国内の居住者」でなくなるわけではありません。明確な答えがあるわけでなく国税との裁判事例も多数発生しているほど複雑で微妙な問題なのです。まずは国際税務に強い税理士に相談するのが先決です。

彼らが相談料を払ってアドバイスを得ようとしない理由としては、「現金がない」という現実的な面もあるでしょうが、若くして億万長者になったために、きちんとしたビジネス経験、つまり「相手にお金を払って何かを得る」「自分もお金をもらって相手に何かをしてあげる」という直接的な経験が少ないということが、根本的な原因であると考えます。

「世の中には値切っていいものと、いけないものがある」

情報やサービスに対するお金を、定価以上に支払おうとするのが、「①ビジネスオーナー型」です。特に年配の人によく見られます。

「モノは値切ってもいいけど、人にしてもらうことは値切ってはいけない」と、かつてお客様だった不動産業のビジネスオーナーに教えられたことがあります。

高価な壺を買うことを決めたとして、販売員がどんなに心のこもった接待をしてくれたとしても、壺というモノ自体の価値は変わらないから、いくら値切ってもいい。一方で、人の行動次第で質が変わるサービス、たとえばリフォームや美容院、教育関係、コンサルティングなどについては、値切ってはいけない、ということです。むしろ、相手に平均よりも多くのお金を支払い、どうやって平均以上のものを得るかに常に気を遣うのが、「①ビジネスオーナー型」の人たちなのです。

日本はチップの文化がありませんが、旅館では昔から「心付け」というお金を渡す習慣がありました。少しの心付けを渡しておくと、料理が冷めないうちに最初に持ってきてくれたり、布団を敷くタイミングも細かく聞いてくれたりします。また、寿司屋では、マグロの柵の切る場所によって赤身、中トロ、大トロと変わります。赤身と言っても中トロ寄りの赤身もあり、中トロでも赤身寄りの中トロがあるのです。

切り身の質は、寿司職人の切りとる場所ひとつで変わってきます。はじめに寿司職人に数千円をこっそり渡すと、「マグロの赤身をください」と言ったときに、マグロの中でも中トロに近い赤身を出してくれたり、メニューにないような食材をこっそり出してくれたりします。そうした特別なサービスはときに、数千円以上の満足度になるというわけです。

彼は実際、マレーシアのビザを取る際に、私がサポート料を伝えると「じゃあ、もうちょっと払うからさ、頑張ってもうちょっと早くビザを取ってよ。いいから、いいから」と、定価以上の料金を支払おうとしてくれました。「手続きは君がやるんだよね？たぶん今、君はいろんな客を持っていて忙しいよね。このお金で、少しでも俺のことを急いでやろうと思ってくれるよね。それをやってほしいから出しているんだよ」と言われました。ただ、定価を決めてやっているので、なるべく早くやりますとお伝えし、納得いただいてから、定価でコンサルティングフィーをいただきましたが、このようなお話はこちらとしても悪い気はしないものです。

彼は不動産業ですから、不動産売却の際のアドバイスももらいました。「売却の際に不動産屋の仲介手数料を値切るやつは、最悪なんだよ。仲介手数料は絶対に満額払いが当然。『もしこの値段で売れたら、追加で払うから』と言ったらいいよ」と言います。売るとき、自分はなるべく高い値段で相手に買ってもらいたい。買うほうは、なるべく安く買いたい。不動産屋から見ると、両方とも客で、両方とも仲介手数料が3％であり、一応中立の立場にいることになっています。「中立の立場の不動産屋を自分の味方につけて、より高く売ってもらいたいなら、たくさん金を払えばいいんだ。『この値段で売れたら、追加でこれだけ払いますから』と言って、頑張って高めに売ってもらうんだよ。8200万円で売れそうな物件を8500万円で売ってもらって、追加で100万円払って実質8400万円だったら、それでも200万円儲かるだろう。そういうふうにすればいいだけなんだよ」と教えてもらったのです。普段から人を動かすビジネスオーナ

――だからこそ、こうした自分なりのロジックを持って行動しているのだなと感心しました。

このように、シン富裕層の行動や習慣、思考は、「凡人」とは相当に違います。私も日々、シン富裕層の人たちと接していますが、驚くことや勉強になることばかりです。

こうして知ったシン富裕層の「エッセンス」を続く第3章の「新時代の資産形成術」で、具体的にお伝えしましょう。

第3章

新時代の資産形成術

情報商材ビジネスが最強な理由

さまざまなシン富裕層を見ていて、次世代の最強ビジネスをしているのは、やはり「③ネット情報ビジネス型」の人たちだと思います。ひとりで稼ぐことのできるマイクロビジネスで、誰もがすぐに取り組めて、さまざまなコストも低いため、これからシン富裕層を目指したいという人にお勧めです。

ノウハウをまとめてインターネット上で販売する、「情報商材」で財を成したというシン富裕層も、ここ数年で増えました。情報商材の「ノウハウ」はピンキリですが、基本的には「狭くて深い専門的な知識」というよりも、「広く浅く、実践的で役立つ」ものが、不特定多数の人に好まれ、売れています。人によっては「そんなノウハウはくだらない」と思う人もいるわけですが、「ノウハウ」はここ数年で、確実に価値を持つようになったと感じています。「YouTubeのやり方」や「暗号資産の投資術」など、ノウハウを求めている人がたくさんいるからこそ、そうした情報商材が売れているのです。

彼らを見ていて、私も今の仕事を情報商材にできないか、ということを考えたことはあります。「海外移住の手続きを、全部ノウハウとしてまとめて販売」という形です。

しかし、海外移住が可能な資産を持っている人自体が、日本国内で非常に限られてしまいます。しかも国ごと、法改正されるごとに、こと細かく解説していくとなると、準備の手間などを考えてもそれなりの値段になるでしょうし、結局いまの個別相談と、中身と価格はそれほど変わらないのではないかという結論に至りました。

そういう意味で情報商材は、顧客が多く見込める分野で汎用的なスキルやノウハウや情報を、半年〜1年程度のアップデート頻度で行うことができるものが適しています。多くの人に「買ってみたい」「ちょっと知りたい」と思われるような内容で、安価に設定するなど、購入者が納得できるような適正な値付けをする必要があります。評判や口コミが悪いと次の集客に悪影響が出るためです。片手間にやって大きく稼げるようなものではなさそうですが、一度SNSなどでハッシュタグをつけ、有料で出そうと思っている情報量の三分の一程度の内容でどのような反応を得られるかテストマーケティングを行うこともよいでしょう。

動画配信に関しても、「対面」や「マス向け」が重視されていたこれまでの時代の価値観をくつがえし、新たなビジネスチャンスを生んでいます。たとえば英語や体操などの習い事や、税理士などの士業は、いくら優秀で人気があったとしても、今までは対面で会うことのできる範囲でしか顧客を獲得できませんでした。それが動画配信を使えば、時間・地域を問わず何万人、何百万人もの人をターゲットに、自分の実力次第で瞬間的に顧客を集めることができるようになりました。スパチャやオンラインサロンなどの課金システムで、きちんと対価をもらうこともできるようになっています。また万人向けの内容ではなくても、コアなファンとオンラインで繋がれば、最終的にオフラインで直接対価を得ることも可能です。

情報ビジネスの人たちは、時代の波にうまく乗りながら、その波を自ら大きくコントロールしています。それができる人たちは、「シン富裕層」の中でも最強の人たちだと思うのです。

「顔出し」の壁がネットビジネスの成否を分ける!?

本業は株式やFXなどの投資に関する情報商材ビジネスで、集客のために動画配信もしているという30代女性の、マレーシア移住のお手伝いをしたことがあります。彼女はメールマガジンやビジネス用のLINE「LINE for Business」、オンラインサロンなどを通して、お勧めのFXや株の銘柄の情報提供などをし、年商5000万円以上を稼いでいました。そして「Facebookライブ」などの無料の動画配信を通して、有料会員と交流をしたり、ファンを増やしたりもしていました。特定の投資情報に関する話は有料会員限定で行い、無料のライブ動画はファンとの交流という位置づけでした。

話し上手で魅力的な女性だったこともあり、中高年の男性のファンがたくさんいました。配信中は「いつもお綺麗ですね」といったファンからの書き込みがたくさん来て、彼女が「ありがとう!」などと返事をしていました。

そんな彼女から、「顔出しで動画を配信するだけで、本業のお客様を増やせるんですよ。大森さんもやってみたほうがいいですよ」とアドバイスをもらったのです。

「社長のあなたが、一番存在感が強いんだから、これからはもっとあなたが表に出ていかないともったいないんですよ」と言われたのです。それをきっかけに、私も動画配信に挑戦することにしました。

彼女から、「オリエンタルラジオの中田敦彦って知ってますよね？　彼が最初にあげた動画、観たことはありますか？　一番初めの動画から時系列で観ていったら、どうやって動画をつくればいいかがわかりますから」と言われたのです。そして観てみたところ、はっきり言って、初期の動画のクオリティはあまり高くありませんでした。

中田敦彦さんは、今でこそ「中田敦彦のYouTube大学」がチャンネル登録者数485万人と、ユーチューバーとしても大人気です。しかし初期の動画は、外で歩きながら突然「じゃあ、今から、人とのプレゼン手法について話します」などとぼそぼそと話し、「じゃあ、今日は以上です」と唐突に終わるなど、視聴者を想定したつくりになっていないと感じました。

しかし順に観ていくと、徐々に変わっていきました。試しに趣向を変えてみて、視聴者の反応が良かったらそれを次回も取り入れるといった形で、どんどん良くなっていったのです。人気ユーチューバーも、みんな初めは試行錯誤をして取り組んできたんだなということが、手に取るようにわかったのです。次第にいまや定番となった「中田敦彦のYouTube大学」の、授業形式の動画となり、テンションの高い話し方なども定番化して、今の形に落ち着いていったのです。

そうして中田敦彦さんの動画をひと通り観た後に、他の人気動画もどんどん見始めました。私は凝り性なタイプなので、やるからにはしっかりとやろうと思い、1日15時間から20時間ほど動画配信を観続ける生活を1年間続けました。ワイヤレスイヤホンを片耳につけて、仕事中もオフの時間も、何をしているときもずっと動画配信を聞き続けたのです。すると動画配信のつくり方がわかってきました。動画配信のつくり方に詳しい人はたくさんいますが、動画配信をそれだけ長時間観たという人は、なかなかいないのではないでしょうか。そこで自分でも動画を撮り、編集し、「海外投資家ビザ・グリーンカード通信」というチャンネル名で配信を始めました。

最初はすべて自分でやっていて、1時間の動画を編集するのに、まとまった時間が取れなかったため完成まで2~3週間かかってしまっていました。データが重くてパソコンが固まってしまうため、動画編集可能な高性能のパソコンに買い替えたり、夜中まで編集作業をしたりしていましたが、これは僕の仕事ではないとあっさり諦め、その後は会社のスタッフに編集をお願いしています。

いざ動画を配信してみると、事前にさまざまな人から聞いていた通り、動画配信というコンテンツを持っていることはビジネスにおいて大きな強みになることがわかりました。海外移住の相談をされるお客様から、「いつも動画を観ています」と言われるようになったのです。

なお私の場合、「再生回数を増やすためにSEO対策をする」などの特別なことはせず、わかりやすい動画をつくることと、コツコツと動画の量を増やすことに専念しました。週1本つくって動画配信にアップするのが精いっぱいでしたが、それでも1年半ほど続けて、動画が50~60本ほどネット上に常時あるという状態にまでなると、動画を見て問い合わせをしてくれるお客様が増えたのです。

最近は海外移住のお問い合わせが多く、忙しくて動画を出せない週も増えてしまい、申し訳なく思っています。ただ、本業のビジネスにお客様を誘導するという、本来の目的は達成できたかなと思っています。

やはり、海外移住というその後の人生に関わる相談をするときに、「相談相手の顔の見えない会社」では不安であり、顔の見える会社のほうが安心感が出てくるということなのでしょう。

顔出しをしてインターネットで集客をしたほうがいいということは、多くのビジネスパーソンがわかっているでしょうが、実際にはそこまで行動できない人のほうがまだまだ多いのです。やり方もわからないし、メリットよりもリスクのほうを考えてしまうのでしょう。

ちなみに私は、子どもにもデジタルツールについて学んでほしいと思い、息子が小学5年生のときに、自分で動画を撮影・編集して動画配信にアップするという経験をさせていました。受験勉強が忙しくなったこともあり、最終的に3～4本しかアップしませんでしたが、自分で「ドラえもんの道具と、それを使ったのび太の行動の結果を、ニュース形式で話す」と決めて、動画をつくって配信していたようです。

自宅を買うときに「資産」として考えられるか

「②資本投資型」の中で、自宅投資で資産を増やしたタイプのシン富裕層は、『住宅の価格はいつか下がる、バブルは必ずはじける、暴落する』と怖がっている日本人が多いよね」とよく話しています。

先述した通り、日本人はバブル崩壊のトラウマが強いようです。しかし長期的に見れば、物価というものは必ず上がるもの、上がらなければさまざまな問題が生じるもの。

物価の比較というのは難しいですが、たとえば太平洋戦争開戦直後に就役した戦艦大和は、建造費1億4503万円、当時の国家予算の4・4%を投じて造られたといいます。一方、2020年3月に就役した最新鋭イージス艦「まや」の建造費は1720億円、迎撃ミサイルのランチャー（発射機）などを装備した場合のイージス艦の建造費は2隻で5000億円見込みと報じられています。強引にこれを単純比較すると、この80年で物価はおおよそ1200倍から1700倍程度になった計算となります。

平成の約30年間、デフレで物価が上がらなかった日本が、異常なだけだったのです。私の知人の商社マンは、「都心マンションの購入を繰り返すことで、確実に資産を増やし続ける」という自宅投資の手法にたまたま気づいたことで、資産を大いに増やしました。彼は通勤の負担を軽減するために、かつ、いざ売ることになったときに売りやすいだろうという理由で、都心の駅近という好立地な場所に1億円でマンションを購入し、10年が経ちました。

住宅ローン減税が終わるのを機に、自宅を売りに出してみたところ、購入時の約2倍の値段で売れたのです。その売却益は御夫婦で3000万円(最大6000万円)の特別控除を利用し、かつ特別控除を上回った売却益についても10年超所有軽減税率の特例で14・21%(譲渡益税+住民税+復興特別所得税込)の課税のみとなったそうです。

そこで新しくローンを組んで、さらにグレードが高く、好立地の2億円ほどのマンションを買いました。またその3年後には、そのマンションの同じような間取りが3億5000万円で売りに出ていたそうです。住宅ローンを返済しつつ、マンション価格が上昇しているので資産がどんどん増えている好例といえるでしょう。

アメリカの投資家であり実業家のロバート・キヨサキさんは、日本でもロングセラーとなった『金持ち父さん　貧乏父さん』で、自宅は「浪費」の代表格である、それよりも投資用不動産を購入し、毎月一定の家賃収入を得られるようにすべきだと説きました。

しかしこれは、国の税制と、自宅の場所、地価の動向によると言えそうです。

日本では長らくアパート投資が流行していますが、業者から買う物件は価格が割高です。更に賃料収入は課税対象となり、ローンの金利負担もあるため、ＤＩＹリフォームや客付けによほどの自信がない限りたいして利益は残せません。減価償却費の活用を目的にしている投資家も多いようですが、空室リスクや修繕費もそれなりにかかるため、物件を市場価値より大幅に安く買えたり、土地から仕入れて、完成後に利益が出るような価格で売れる利回りに仕上げるような知識や経験がないと大きな利益を残すことは難しいでしょう。

シン富裕層のクライアントの中でも特筆すべきスキルを有する方がいました。その方が言うにはとにかく都心部の区分所有を安く仕入れて、お洒落に安くリフォームし、20%程度の利益を乗せて売却するビジネスを個人でやっているという方でした。もちろん宅建士の資格は自身でお持ちで、売上規模を聞くと個人と言うには大きすぎるくらいでした。不動産DIY好きなので、DIYリフォームの情報商材ビジネスもやっているそうで、一定の売り上げがあるとのことでした。

自宅投資で儲かったことのある私のクライアントは、「まだロバート・キヨサキのやり方を信じているの？」と、この考え方を冷めた目で見ています。数億円かけて地方の古いアパートやマンション一棟買いをして、人に貸して毎月数十万円を得つつ、自分は都心まで1時間以上かかるようなところに安いアパートを借りて住むなんて、意味がわからないよね、というスタンスです。不動産価格が上昇しても地方や郊外では家賃を簡単に上げられません。元々好立地の土地を相続したのであれば、賃料収入を得ることを目指してもいいでしょうが、普通のサラリーマンにとっては、ハイリスクローリターンという見方となるようです。

だったら、自分自身が都心の一等地に住むほうが、日々の生活の質も上がっていいじゃないか、ということなのです。

自宅投資は、独身者や子どものいない夫婦は簡単ですが、子どものいる夫婦の場合は少々難しくなります。子どもを転校させるかどうかという問題が出てくるからです。

経験を積んだ玄人顔負けの自宅投資家ともなると、子どもの小中学校の学区縛りの中で、自宅投資をやり込んでいます。徒歩10分圏内で、3～5年おきくらいに引っ越しを繰り返し、資産を増やしている人も少なくありません。その場合は値上がりの利益額に応じて3年3000万円の自宅非課税制度か住宅ローン減税のどちらかを活用するか、5年以上住んで長期譲渡所得課税（20・315％）を使うほうがいいか、状況に応じて使い分けるのです。

ただしこの自宅投資は、日本全国の誰にでも勧められるものではありません。日本は人口減少時代に突入し、田舎に行けば行くほど、不動産価格は右肩下がりとなり、購入時以上の価格で売却することは難しいからです。

それでも、やり方はあります。ある自宅投資家と話していたときに盛り上がった話なのですが、毎年3月下旬に国土交通省が発表する「公示地価」で、3年以上連続して地価が上がっている場所に、自宅を買うという方法です。なぜ3年か？　株価と同じで連続して値上がりしている場所は普遍的な評価が高まっているので継続的に値上がりする可能性が高いということが理由でした。以前なら会社に出勤が必要なので。会社から離れた場所に住めませんでしたが今は違います。ワーケーションや二拠点暮らしが注目される中、環境がよく、地価が上がっているところに住むということもできるのです。

地価が上昇しているとなると、わかりやすいところでは都心3区の中央区・千代田区・港区などが挙げられます。その他にも、外国人に人気のある、沖縄や京都市の中心市街地、リゾート地である北海道のニセコ町や富良野、長野県の白馬村などや、地方都市でもチャンスはあると思います。

これらの地域は、多くの外国人が値上がりを期待して投資用不動産を買っているほど人気のエリアです。

そこで私も、新規事業として、FIREを目指す人向けに沖縄やニセコや白馬など、公示地価が上がっている地域に、低金利の住宅ローンで自宅を購入し、3年以上自分で住めばいいよ、という生活を楽しみながらできる資産形成方法もあることを伝えていきたいと思っています。

投資には客観性と大胆さが必須

若い世代にＦＩＲＥのチャンスが得られるように、住環境が良く、京都や沖縄、ニセコや白馬など、公示地価が上がっている憧れの場所に、低金利の住宅ローンで自宅を建てて、自分で住む、というのは具体的にどういったことでしょうか。

これはとある起業家の方のお話ですが、あることをきっかけに10年前から自宅投資を実行してきました。「居住用財産を譲渡した場合の３０００万円の特別控除の特例」という制度がいつまで続くかわからないため、今から取り組んでも成果が得られるかは不透明ですが、参考までに紹介しましょう。

彼はもともと東京の中野区に住んでいたのですが、もっと都心部のマンションならば自宅投資がしやすいと聞き、挑戦してみたのです。彼は関西出身で、東京の地名は有名なところしか知らなかったものの、「都会でいい雰囲気の場所といえば、青山かな？」という理由で、まずは港区の青山にマンションを買いました。東日本大震災の直後で、不動産市場が冷え込んでいたころのことです。

その後10年の間に、青山から赤坂、六本木と、港区内を転々としてきました。それぞれ、売るころには、マンション価格が2～3割値上がりしたのです。

後悔する点といえば、変な余力を残してマンション選びをしてしまったことだと言います。10年前は収入が今より少なかったため、「ローンを本当に返せるかな」などという不安がよぎってしまい、コスパを比較するなどして、ちょっと狭い物件を選んでいました。しかしその後の値上がりぶりを見ると、初めから充分な広さで立地の良いマンションを買っていたほうが、利益が3倍は違ったかもしれません。

こういう思い切った決断ができるかどうかが、富裕層になれるかどうかの分かれ目だといえるでしょう。

子どもは公立小学校に通いましたが、同級生が住むマンションなどもみんな値上がりしていました。さらに芸能人や有名ユーチューバーが住んでいるような高級マンションに引っ越しをした人もいます。

そんなの無理だ、と思うかもしれませんが、夫婦ともにそれなりの企業で働いていれば、2人のペアローンで1億円以上借りられるわけですから、夢のまた夢というわけではないのです。10年前なら、青山の新築マンションの最上階も、買おうと思えば買えたはずです。

そこでローンを組むことに躊躇してしまい、都心まで1時間以上かかるような地域で安価な戸建てなどを買ってしまうと、その後売るに売れず、資産も築けない、ということになるわけです。ひと昔前は、家を買うなら郊外、借りるなら都心、というのが定説でしたが、今は逆なのです。

シン富裕層がよく言うのは、「人生で価値が最も高いのは自分の時間だから、都心に住んで通勤時間を減らす方が、時間の無駄もない。狭い家に住むと発想も狭くなるから、どうせ住むなら広い家に住むほうがいい。資産価値が高く現在支払える範囲で、ローンが組めるんだったら、『将来ローンを払えなくなったらどうしよう』なんて心配する必要はない」ということです。

確かに賃貸に住んでも住宅ローンはないかわり、家賃は必要なのですから。心配ならローンは固定で組めば良いのです。

自宅投資好きが高じて、不動産会社を立ち上げて仕事にしたというお客様もいました。不動産の転売は基本的に不動産会社に認められていることであって、個人はできません。個人で頻繁に不動産の転売をしていると、税務署にも目をつけられることがあるそうです。また個人が不動産を買ってすぐに転売すると、利益の約40％を税金として払わなければならなくなりますが、不動産会社という法人であれば、普通にビジネスをしたうえでの利益に法人税を払うだけでいいことになります。

そのため、そのお客様は「宅地建物取引士」という資格を取り、自分で不動産会社を起業しました。値上がりしそうな不動産を買い、完成したらすぐに売る、ということを繰り返したのです。

都心の場合、不動産は２０００年から基本的には上がり続けています。２００６年と、２００８年から２０１１年の間は下がった地域がありましたが、それを除けば「アベノミクス」効果もあって、常に上がり続けてきました。彼も「基本的に、東京での自宅投資は簡単だよ。大手デベロッパーが大規模開発している好立地物件を、頑張って買う、これだけだから」と話していました。特に大規模だと完売した後は希少性が高いとのことでした。

彼は日焼けサロンに通って肌を焼いているイケメン40代で、奥様もモデルのような美人です。不動産会社は日本に置いたまま、いい物件をネットで探して、買い付けの契約と売却の契約のときだけ帰国すれば仕事は大丈夫だ、ということで、子どもの教育のためにシンガポールのビジネスビザでの移住を希望し、実際に移住しました。オールドスタイルのシン富裕層、「①ビジネスオーナー型」の人で、年収は3000〜4000万円くらいでした。

彼は日本での人間関係も大事にしていて、帰国した際には、友人たちと連絡を取り合って飲みに行ったりしているそうです。ここもオールドスタイルらしいところで、ちなみに若い「シン富裕層」は、人間関係を残そうと努力せず、あっさりと切ってしまう傾向にあります。仕事周りの人間関係だけあればいいというスタンスで、裏を返せば家族第一主義、というタイプが、圧倒的に多いのです。

白紙2枚の入社試験で人材を集める

私が起業して数年のころ、一定の英語力が必要という求人を出したことがありました。応募してきたのは「大卒だけど、34歳まで一度も働いたことがない」「音楽バンドをしていました。英語は話せません」といった経歴の人ばかりでした。日本は優秀な人の多くが、リスクを取らずに大企業に勤めているため、中小企業の社員になろうという優秀な人は、なかなか見つかりません。

関西で携帯電話販売代理店を手広く経営しているビジネスオーナーに相談したところ、「元から優秀な人材を採ると、すぐ辞められるよ。一般的に優秀と思われる人材を採用するのはやめたほうがいい」と諭されました。そしてポテンシャルのある若い人材を見極める方法として、「白紙2枚の入社試験」を教えてもらったのです。早速試してみると、非常に良い入社試験方法でした。

最終面接に来た人に白紙2枚とボールペンだけを渡し、「志望動機でも、入社してやりたいことでも、自己アピールでも、何でもいいから書いてください」と言うのです。入社できるかどうかがこれで決まる、だから精一杯自分のベストパフォーマンスを出さないといけない、という最終選考のタイミングで行うのがポイントです。すると、面白いほどその人の人間性が現れます。丁寧なのか雑なのか、性格、やる気、教養レベル、向き不向きなどがすっかりわかるのです。

2枚渡しているのに1枚目の半分くらいで書き終えて、内容は雑で時間がまだあるにもかかわらずそれ以上書かない人は、「私は御社を志望しています」と言っていてもそれは口先だけの言葉であり、本心ではそれほど志望していない、ここで働きたいという情熱がないのだと読みとれます。下書きを1枚目に書いてから、2枚目に清書をする人は、慎重で丁寧な性格です。2枚目までめいっぱい使っても、時間切れで結論まで書けていない人は、情熱はあっても時間配分や段取りが苦手な性格なのかなと思います。ただ前向きさを評価するならマネジメントしてあげればいいのです。

文章の内容も、ダラダラと思いついたままに書いていて伝えたいことが伝わってこない人もいれば、要点を整理して強調するなどして、論理的に書く人もいれば、絵を交えながらサービス精神たっぷりに書く人もいます。そのまとめ方で、その人の仕事の仕方が見えてきます。

誤字が多すぎる人は、注意力が低いのかなと思いますし、誤字をぐちゃっと塗りつぶして訂正する人は、仕事が雑なのかなとも想像できます。

この白紙2枚の入社試験で、どの仕事をどの人に信用して任せるべきなのか、一発で見抜くことができるのです。

この入社試験には、これが正解だからこうすべきだ、という「答え」があるわけではありません。世の中の仕事には、ほとんど「答え」がないわけです。就職を希望している人から、全力で考えて出てくるアウトプットを通して、会社が欲しいタイプの人材かどうかが見極められる、ということです。

このビジネスオーナーが「優秀な人材を採るのはやめたほうがいい」と言ったのには、理由がありました。彼は私に「織田信長の家来って、優秀な人が多いって言われるよね。柴田勝家、豊臣秀吉、徳川家康、前田利家とか。どうしてあれだけ優秀な人たちが、織田信長のところに集まったと思う？」と聞いてきました。

「普通に考えたら、織田信長が優秀だから、優秀な人をスカウトできたんじゃないんですか?」と答えると、「そう思うだろう? たぶん違うんだよ。家来たちはたまたま若いときに織田信長のところにいて、織田信長が優秀だったから生き残り、多くの経験値を積んでいき、その結果業績を残せただけだと思うんだよ」と言います。「若い優秀なトップが長くいる会社に、若い頃からずっと頑張る部下がいれば、みんないい結果を残せるんだよ」と言うのです。

さらに、「信長が目をかけていたのに裏切った明智光秀、荒木村重は後からスカウトした優秀な人材なんだよ」と教えられました。

「『最初から優秀な人材』を雇いたいと思うのは間違っているし、どうせノウハウを盗まれて辞められるだけだから、やめたほうがいい。14歳から小姓として信長に仕えていた前田利家や豊臣秀吉のように、若い人材を気長にずっと育てていくほうが、実は効率がいいんだ。だから社長も若いほうがいい。君は若いうちに起業して正解だよ」と教えてもらったのです。

人の本質を見抜くためには「学歴」と「職歴」、最後はジアタマ!?

ベンチャービジネスで起業する、資産ができたので資産管理会社を起こす、投資先を決める、いずれの場合でもシン富裕層となる人は個人でなにかを判断しなければならないことが多い。そのうえで厄介なのは「人」だと言えます。

事業を起こす人も多いですが、個人からはじめて、少人数でも生産性の高い事業を次々とスタートアップさせる方も多いようです。少なくともシン富裕層の人が経営する会社は規模的には中小というか数人の企業も珍しくありません。会社員経験がほぼない人もいれば、長く会社員だった人もいます。いずれにしても人を自分の責任で雇用するという経験はほとんどの人が持っていません。

少数精鋭ですから、人材雇用の成否はとてもシビアです。また、スタートアップ企業はどうしても待遇や認知度が低いという弱点があり、見るからに優秀な人物を雇用することは大変難しい。

そこで一代で運送会社を築いたオーナー社長が言っていたことは「ジアタマ」を見極めるということ。ジアタマって数値化されていませんので見極めはとても難しいですよね？　ＳＰＩとかをやるんですか？と私は率直にそう聞き返しましたら、笑いながら答えを教えてくれました。

一般的には面接とは会話を通じて見極めようとしますが、面接慣れして口だけが上手い人も多い。私の経験ですが、採用面接をやると頻繁に過去に勤めた会社で社長賞を取ったり、営業成績がトップだったりする方に出会います。

そんな優秀な人がたくさんいるかなと思っても詳細を確認することは難しい。

そこで役に立つのは話を準備していない「学歴」と「親との関係」を質問しろというのです。正直、えっ学歴？と思ったのですが、それは学歴差別だとかそういうものでは全くありませんでした。

昨今学歴社会が批判され、大手企業の新卒の履歴書にも最終学歴を書くところさえない会社が増えてきています。また、書かれていてもたいていは高校卒業くらいからで、社会人経験があると高校も省略されて大学だけ記載することも多い。しかし、その人物を見極めるためには、小学校、なんだったら幼稚園からのストーリーを聞き出す必要があるというのです。なぜその小学校、中学校、高校に入学したのか？　その経緯、決断、失敗と成功、そして親との関わりです。

大手企業や著名な企業は人気があるため、有名国私立大卒などハイスペック層が集まりやすい。インターンシップという名の青田買いでわかりやすい優秀な人材は確保してしまいます。そうした場合は人物評価だけで十分だったりしますし、組織規模も大きいですから多少偏った人材でも適材適所に配置する余裕があります。

一方、ベンチャーやスタートアップ企業にはそのようなハイスペック人材の採用は難しい。そこで、大手の採用から漏れたが、仕事はきちんとできる「ジアタマが良い」人材や「業務に必要な能力を有する」人材を雇用する必要があるというわけです。

いい表現かどうかは分かりませんが「少し傷があるけど味は変わらない」シャインマスカットや、高級スーパーの閉店間近に2時間前まで定価だった本マグロの刺身を70%引きで買うというようなことを採用でもやれば良いだけということだったんです。

小学校や中学高校時代までのエピソードで、その人本来の能力を見極めるために、さまざまな質問を投げかけるというのです。

なぜ受験したのか？
どの科目が得意だったのか？
ご両親はどのように接していたのか？
他に受験した学校はどういう学校か？
一日どのくらい勉強していたのか？
合格したのに進学しなかった学校があったらその理由は？

ということを細かく聞いてみるとその人材の本質や得意不得意が見えてくることがあります。もちろん「メンタツ」にも書いてないでしょう。
しかし、履歴書には書かれていないことがらなのですから、上手く面接のときに質問する必要があり、社長が面接までできる中小企業の強みとのことでした。

シン富裕層に必要な人脈と悪い人脈？　取得したビザは知られるな！

シン富裕層は小規模でビジネスを回す方が多い。

もちろん大企業ではないので個人で築くネットワークが重要とのこと。

ただ、シン富裕層の資産を狙ってくる詐欺師は多いもので、そこにまつわる失敗もよく聞きます。とくに海外でビジネスをやろうとしたときなど、現地の事情に通じていたり、いろんな経験を持っていたり、有能そうだが信頼できる人物かどうか評価しづらい相手が多いです。だからこそ貴重な存在と言えますが、なかには怪しい人物も混ざっています。ちなみに詐欺師は相手の資産をきっちり把握していて、十分支払える金額の投資などをタイミングよくすすめてきます。これも厄介なところです。

私もお手伝いした投資家ビザで移住するお客様に必ず伝えることがあります。それは投資家ビザを取得したということを他人に知られないようにということです。

なぜかというと、投資家ビザにはさまざまな申請要件があります。

オーストラリアなら、最低でも250万豪ドル（約2億2500万円）以上の資産が無いとビザ申請ができません。ということは投資家ビザを取得したということは最低でも約2億2500万円持っていて、その程度の金額をいつでも動かせる状況であるということが丸わかりなのです。

事業や投資をする場合、人の見極めがとても重要になりますが、シン富裕層には短期間で資産を築いた人や、もともと会社員だったような人が多く、こうした経験値があまりないものです。そこで、失敗もいろいろと経験しておられた地方の勤務医かつ株式投資家のシン富裕層から聞いたわかりやすい見分け方をご紹介します。

まず、フェイスブックなどSNSのトップページ画像に、やたらと大人数、何かのパーティーで撮ったような写真を掲載している人は疑ってみたほうがいいとのことでした。

昔から詐欺師はタレントや政治家などの著名人と親しいツーショットをアピールに用いることが常套手段で、現在は有名人ではなくても集客力といいますか、大人数から支持されていることを誇示する傾向にあります。ツイッターのフォロワー数や動画配信の登録者数、ネット商品のレビュー数のような効果を狙っていることが多いのです。

このように「怪しそうな人」を見つけたらその後見極めることは意外と簡単です。それはその人の「職歴」を聞くことです。おそらくビジネスについて「いいこと」ばかりまくしたててくると思いますが、「自分の過去」つまり学校卒業後のビジネスキャリアについて話したがらない、または一貫性に乏しいという方が多いようです。

転職が悪いわけではありませんが、飲食店に務めていた後に、カーディーラーに転職し、その次は金融業、いきなり海外で起業など。

これも全部を言わないかもしれませんが、どこに何年、どんな業務というツッコミをしていけば、必ずボロが出ます。

出身の大学が海外と言っていても、最初はカリフォルニア大学といい、次にカリフォルニアの大学と変わり、最後はロサンゼルスの大学と変わった人に実際会ったことがあるそうです。

政治家やキャスターなんかでも海外学歴が詐称されていたことが報道されたこともあるように、気をつけなければならないでしょう。

富裕層と一般人の思考の「壁」とは？

シン富裕層の考え方や行動には、凡人にはなかなか真似できないことがあるということをここまでお伝えしてきたわけですが、彼らも最初から「投資視点」を持っていたわけではありません。成功体験が必要というお話もさせていただきました。ここで改めてお伝えしたいのは、一度「投資」という視点で客観的にものごとを見れるようになると、すべてが違って見えてくるということです。

昔のいわゆる「成金」がリッチになって手に入れたいものというと、車や家がわかりやすいと思います。高級車に乗って、豪邸に住む。しかし、これはゴールであって投資の対象としてみていません。一般の方々はさらにその傾向が強いかもしれません。ようやく手に入れたそれらを「売却する」、つまり出口をあまり考えていません。

とくに「自宅」の購入であれば、たいへん大きな買い物ですし、終の住処として考え、選択するのではないでしょうか。そして、自分の収入で手の届く、住みやすく、将来子どもができたら育てやすく、できれば職場から近く、そして閑静な……といったことを考えることでしょう。そのとき、まさか六本木だの、表参道だの、新宿といった繁華街は考えないものです。しかし、前述の通り、投資という意味で価値があるのは、都内のど真ん中です。

そもそもそうした繁華街は「住居」のイメージがなく、はじめから検討対象に入っていません。私の知り合いの話ですが、彼は郊外の家をリフォームする必要があって、一時的に会社から近い六本木にウイークリーマンションを借りて仮住まいしていたそうです。はじめはそれこそ「仕事や遊びにくるところであって、住むところじゃない」と思っていたそうです。ところが1週間でも住んでみると意外と生活感もあり、スーパーやコインランドリーなど生活感のある施設も近くにあることに気づきます。その後、そのリフォーム業者の不手際もあって、さらに4週間も都内に住むことになったのですが、そのことをきっかけにこうした場所も自宅として検討すべきだという視点になったそうです。

さらに自宅投資の話を書籍や知人からも得ており、先々の売却もトータルで考えて、住宅ローンを組み、都内に住むことにしました。以来、その人は「いつか売ってまたよい物件を買おう」という思考に変わったそうです。

また、車も投資の対象になります。もちろん高く売れる車とそうでないものがあります。為替動向、海外需要、生産時期や販売台数、年代などなど。具体的な相場は知らないにしてもカーマニアはそういった「マニアがほしがる」車種は当然知っているものです。そういったカーマニアならたくさんいるのではないでしょうか。しかし、多くの人は「大金を稼いだらいつか買う」と思いつつ、自分の収入を考えると夢のまた夢であると考えがちです。そして、週刊パートワークのような分冊百科（フェラーリなど人気の車や城など、毎週パーツが付属しているので、少しずつ組み立てるマガジンでおなじみのやつです）でその想いを埋めている人が多いものと思います。

これが投資家と一般人の違いと言えるでしょう。マニアですから目利きはできるわけです。お金がなければローンを組んで、購入することもできるでしょう。ただし、もちろん最大のポイントは売却時の価値です。一時的に保有することで夢もかないますし、きちんと目利きできれば利益も出て、次の車を購入する資金もできます。

投資家の多くはスポーツカーなどの稀少車に乗っていることが多いですが、乗り換え前提であることが多いです。見栄で購入するというよりは4年落ち以上の中古車で節税を考え、その上資産価値を見ているわけです。

いかがでしょうか? 資産価値が見えてくると車も自宅も永久に保有するという感覚はなくなってきます。シン富裕層の人たちの物欲が少ないのは、こういうところに結びつくのかもしれません。

余談ですが、マンションの資産価値が維持される要因として、これからは特に駐車場が重要となるようです。EV化によって旧車の価格が上昇し始め、新しい車よりも価値があることも珍しくありません。しかも自動車は法人契約の場合節税にも繋がるため、より資産価値が高い車の購入を考える人が増えると思われます。もちろん広めの平置き駐車場がベストですが、機械式駐車場でもSUVが停められたりできるような、車幅が広く高さ制限に余裕がある駐車場があるかどうかも重要となります。

特に車幅はぎりぎり入るからと言っても、駐車場のパレットにホイールが接触して傷つくと、修理代はとんでもない金額となってしまいますから。購入するマンション選択の中でも駐車場のスペックを重視することはこれからの資産価値を維持するための必須条件とも言えます。

アメーバ経営の必勝パターン

今の時代においては、採用した若い人材を、早めに抜擢するほうがベストです。

「アメーバ経営」という手法があります。事業ごとに会社をなるべく分割させて、その新会社の社長として若い人材を起用するのです。するとその若い人も、小さい会社でも自分が代表者となるわけですから、やる気と責任感を持って頑張ってくれ、成果も収益も出しやすくなります。そして元の会社のビジネスオーナーは、複数の事業会社の株式を持ち、役員となり、そこから少しずつ給与をもらうようにします。そのほうが収入も安定するし、たくさん給与を取らなければ役割も責任も少なくて済み、ラクに稼げるようになります。そして最終的にはＦＩＲＥを実現し、好きな場所で悠々自適に暮らすことも可能なのです。

これが今の時代のビジネスエリートの必勝パターンだよ、と教えてくれたのは、IT系のスタートアップ企業のビジネスオーナーでした。彼の海外移住の手続きをするために、源泉徴収票を出してもらうと、10社から一律で30万円ずつ給与をもらっていて、年収が3600万円でした。その理由が、先ほどのアメーバ経営だったのです。自社からの分割だけではなく、ビジネスオーナーの友人同士で株式を持ち合うタイプのアメーバ経営をしている人もいます。

一丸となって大きくなろう、というよりも、小さい会社がそれぞれで面白い仕事をして、お互いそれなりに稼げる状況にしよう、というほうが、今の時代には合っているようです。

彼らは「第2のソフトバンクになりたい」「第2の楽天になりたい」などと、知名度や規模を求めてギラギラしたりはしません。むしろそちらを追い求めてしまうと、ひたすらに忙しくなり、FIREはもちろんのこと自分の時間すら持てなくなる、と敬遠しています。人はなるべく少なく、身軽なほうがいい、必要なときは適宜外注をして、ギグワークをすればいい、という発想です。モノも人も、不動産も本当に価値のあると思うもの以外は抱えないのです。

IT業界には、自社の得意分野以外は外注する文化があるため、こうしたアメーバ経営の発想が、自然発生的に広がっていったのでしょう。

アメーバ経営も、私はぜひ実践してみようと考えています。その第一歩として、2社目の会社を興し、経営をしています。海外不動産の売買、および国内不動産や国内ビジネスの外国人向け売買を手掛ける会社「RE/MAX Migration Realty」です。

自宅投資が高じて不動産投資会社を起業したという人が、お客様にたくさんいたため、私も実際に不動産投資会社をつくってみたらどうなるかな、勉強になるかなと思い、挑戦したというのがきっかけです。

考えるだけではなく、会社をつくったら必然的にコストがかかってきて、毎年決算もする必要が出てくるので、会社をつくることで行動を起こすモチベーションが生まれるだろう、という意図もありました。無謀じゃないかと思われるかもしれませんが、私は何事も「やってみないとわからない」と思っているので、まずは行動してみたのです。

こう考えるようになったのも、やはり「①ビジネスオーナー型」のお客様からのアドバイスの影響が大きいと感じています。

起業家の輩出で有名なアメリカのケロッグ経営大学院というビジネススクールを修了し、外資系コンサルティング会社に3年ほど勤務、その後起業して3社ほど会社を経営し、40歳でシンガポールに移住したお客様がいました。彼は「僕はアメリカの大学院で英語と箔をつけ、コンサル会社でブランドとビジネススキルと一定の資金と人脈を得た」と話していました。

そして、彼は私にこう言いました。

「モチベーションは無駄に使うと減少する。だからやる気があるからと言って無駄に動いてはいけない。目標が見つかるまでは、どうすべきかを考える。とりあえず資格の勉強を始める人がいるがそんなのは下策でTOEICやFPなどの能力検定は最悪。その勉強が大変であればあるほどモチベーションは消耗する。わかりやすく言うと、時間とやる気の無駄遣い。東大に行くために全力を尽くした人は入学してからのモチベーションが出てこない。そんな人には東大は不要だ。軽く勉強して入学できるところに行けばよい」

またこんなアドバイスもしてくれました。

「僕は3年くらいでビジネスの基本を覚えて、すぐに起業した。しっかりと準備をしようと思うと、いつまで経っても起業できなくなってしまうからだ。それと、自分の年齢はよく考えるべきだ。無限に元気でいられるわけではない。ビジネスのプレイヤーで、第一線で頑張れるのは45歳くらいまで。50歳を超えると、野球のピッチャーで言えば、コーチ兼務で、敗戦処理やよくてもワンポイントリリーフのみになってくる。ビジネスマンの最盛期は35歳から45歳くらいで、特に40歳頃は体力と経験のバランスで最高の時期だ。60歳で退職金をもらって起業する人がいるが、それは最悪だ。40歳頃に引退してからメジャーリーグを目指すために大金を使ってトレーニングするのと同じ」

こうした「①ビジネスオーナー型」のシン富裕層の話は、同じビジネスオーナーとして、私にとって大変参考になるものが多く、いいものは取り入れるように心がけているのです。

第4章

なぜ富裕層は海外移住するのか

世界のどこでも引っ越し可能

日本経済は長期にわたって停滞しています。日本企業の株価も世界と比較してそれほど上がらず、日経平均は未だ1989年12月29日のザラ場につけた38957円を超えることができていません。国際競争力は年々衰退し、社会保障は削減され、税金だけがどんどん高くなっています。そんな日本を離れて海外移住や親子留学や子育てをしたいというシン富裕層が今後も増えていくと思われます。

かつての海外移住といえば、船に乗ってテープを持って、「永遠《とわ》の別れ」みたいなイメージがあったと思いますが、今はもっともっと軽い感じになっていて、「仕事がちょっと落ち着いたから、子どもと2人で数年行ってきます」「今はテレワークで大丈夫なので、とりあえず2年間ハワイに行きたいんですよね」などと、あくまでも自己実現の選択のひとつで、重い決断ではないという方がほとんどなのです。ここまで「海外移住」という言葉を使ってきましたが、正確には「海外活用」「海外引っ越し」という言葉のほうが、現状に合った言葉だと感じています。

シン富裕層の人たちは特に、移住先の国に関しても、それほど思い入れがありません。TPOに応じて服装を変えるように、引っ越し先の国を決めるのです。特に、どの国にいても仕事ができて法人や不動産などの固定資産の保有が少ない「③ネット情報ビジネス型」の人たちは、フットワークが軽すぎるくらいに軽いのです。

シン富裕層の人たちは、私に相談する前に、私の経営する会社のホームページに掲載している投資家ビザの条件一覧などを、比較検討のためにじっくり見るということもほとんどないようです。さらっとネットで条件を調べて行き先の見当だけはつけておき、「マレーシアが良いって聞いているんですけど」「シンガポールがお勧めらしいですね」などと相談に来て、いろいろと話を聞くと「じゃあ、やっぱりドバイが良いですね」「オーストラリアに変更します」などと、行き先をあっさり変えるのです。

その人の目的、資産、キャリアなどによって、永住権を取る人もいれば、投資家ビザ、親子留学の保護者ビザ、学生ビザなどさまざまな手段で移住する人もいます。

最近増えているのは、永住権やビザを、3カ国から4カ国持つ人たちです。「どこに住みたいんですか?」と聞いて、「タイが大好きなんです!」「どうしてもハワイに住みたいんです!」などと「決め打ち」をしているタイプは年配層で、今は「オーストラリアかドバイかな、ポルトガルもいいよね。タイも悪くはないし、とりあえず押さえておこうか」という感じで選択肢を多く持ちたいという人が増えています。「お金はどれくらいかかるんですか? そっちは結構高いね。ここは? あ、じゃあ一緒に取っておくかな」と、とりあえず権利だけは取っておこうかなという、軽いノリなのです。シン富裕層には物欲がないと書きましたが、移住先の国に対しても、欲や執着などは、ほぼありません。お金に余裕があるからこそ、必死に永住権を取ろうという雰囲気にはならないのでしょう。

複数の国のビザを取るときに、私のお勧めは、早く行ける国と、少しの期間なら住んでもいいなという国と、一番行きたい国とで分けてビザを持つことです。「ホップ・ステップ・ジャンプ」というイメージです。

ただし、ビザの相性は見ておかないといけません。この国の条件は、あっちの国とバッティングする、というような点です。たとえば、オーストラリアの永住権は5年更新が通常で、その5年の期間中、少なくても2年間はオーストラリアに住まないと、永住権が更新できなくなるというリスクがあります。ということは、同じ条件の国のビザを3つ以上取ることには無理があります。

「ジャンプ」が一番行きたい目的の国だとしたら、ジャンプになる国は、オーストラリア、ニュージーランド、アメリカ、カナダあたりが人気ですが、日本と比べて相続税以外で税金面でのメリットはあまりありません。

そこで「ホップ」を、ドバイやマレーシア、フィリピンやタイ、ポルトガルなどの税制メリットがある国を選ぶ方が多いのです。

そして「ステップ」としてお勧めの国が、最近ではホップでもお勧めしたポルトガルです。特に「ジャンプ」がアメリカの場合は、アメリカ東海岸とポルトガルとは大西洋を挟んで遠くない位置関係というメリットがあります。ニューヨークの冬は非常に寒い一方で、大西洋を挟んだ南欧のポルトガルは温暖なので、夏と冬とで行き来すると快適に暮らせるでしょう。ポルトガルは不動産投資でよく、その投資額も35万ユーロ（約4

800万円）以上で申請できます。そうやって考えていき、「じゃあ、タイとポルトガルと、最終的にはアメリカで」という感じで移住先が決まるのです。

条件面をシンプルに比較して見て、自分の目的や資産額に合った国で複数のビザを取っておくというスタイルです。

複数の国のビザを取っておくのは、国の体制やビザの条件が変わってしまった際のリスクヘッジとしての意味合いも強くあります。このように複数のビザを取得・維持し、更新期限などを管理することをビザのポートフォリオと呼んでいます。

シンガポールは10年ほど前なら容易に起業（就労）ビザが取れましたが、2017年頃よりビザの更新が難しくなり、2021年夏頃からは起業ビザの取得自体が厳しくなってしまいました。

投資永住権も2012年頃に大幅改正され、今は「一定の資産とキャリア、非常に高い事業経営歴（売上約180億円以上の会社経営者）を有した方」が対象となる、世界でも最高難度の投資永住権（GIP）に変わってしまいました。そこで多くの人は、一定の学歴や給与額を満たした起業家に発給される「EP：就労ビザ」を取って、シンガポールに滞在しています。

なおシンガポールで永住権を取ると、移民2世にあたる子どもが男子の場合、18歳で兵役の対象となりますので、その点も留意する必要があります。

マレーシアは、かつてはビザの取得条件が厳しくなかったために人気がありました。50歳未満の場合、1500万円程度の銀行預金があり、そのうち900万円程度を現地銀行に定期預金し、かつ360万円程度の年収があることの証明ができれば、最長10年間の長期滞在ビザが取れたのです。居住の義務もありませんでした。

生活コストを比較するサイト（https://www.numbeo.com/cost-of-living/）で2022年4月に調べたところ、マレーシアは家賃を含む生活コスト指数はかなり低く、東京の63・81に対しマレーシアは29・23と、物価が安いという魅力がありました。生活コスト指数とは、家賃を含む生活費を、国や都市を指定し比較するもので、この情報は米国ニューヨークを100として都市ごとに比較し算出したものです。

しかしマレーシア政府は長期滞在ビザの条件を2021年10月から突如、4500万円程度の金融資産・3000万円程度の定期預金・年収1400万円程度の証明と、今までの3倍程度の金額に変更するという発表がありました。さらに年間で90日以上の居住義務もつきました。それだと、マレーシアにビザを取るメリットが激減してしまいます。

ビザの条件が変更されるときには、過去にビザを取れていた人にも、更新時に新しい条件を満たさないと更新できない、とするケースがまれに発生します。すると定年後にビザを維持できなくなり、リタイアプランに狂いが生じてしまうのです。

ちなみにアメリカでは、ビザの条件変更で訴訟まで起きました。アメリカは2019年の11月から、EB－5という投資永住権の投資金額条件を50万ドル（約6500万円）から90万ドル（約1億1700万円）に上げました。するとその行政手続きに不備があったとして、アメリカの業者が移民局に対して裁判を起こしたのです。驚いたことに、2021年6月に行政手続きの不備を認めるという判決が出て、再び50万ドルという条件に戻りましたが、現時点では80万ドルになっています。ただし、アメリカは雇用を創出する起業家には門戸が開かれているのでE2という投資駐在員ビザの場合、米国に法人を持ち、そこで数人の雇用を生んでいれば5年更新のビジネスビザが申請できるようになり、取得できれば家族で移住も可能となります。

シン富裕層の「税金問題」

各国の税制についてきちんと把握し、資産管理をすることも大切です。

持っている資産が株なのか、債券なのか、FX、貴金属、暗号資産なのか、あるいはビジネスでの収入がメインなのかによって、日本からの出国税や関係する税制も異なります。それによって、まずは自分の住む場所、子どもが教育を受ける場所、お金を預ける場所、お金を増やす場所を、分ける人も多いのです。まさに「海外活用」です。

たとえばカンボジアに投資するにしても、通貨「リエル」の信用力がなく経済も弱い国ですから、完全に移住して何億円もの全資産をカンボジアの銀行に預けるのは、怖いものがあります。それが多少高金利になっている米ドル預金だったとしてもです。それよりも、経済のしっかりした国に移住し、シンガポールやオーストラリアの銀行をメインバンクとしたほうが、安心できます。そのうえで、カンボジアでの投資に必要な分の資金だけをカンボジアに送り、運用すればいいのです。

現役で稼いでいる人なら、所得税の低い国がいいでしょう。一方で収入はなくストックがあるという人なら、どこの国に住んでも、相続税以外はそれほど影響はありません。たとえば所得税の高いアメリカ（ハワイ）でも、100億円の資産があって移住するという人であれば、資金を保有しているという事実だけで課税されることはありません。基礎控除が高いので相続税についても日本より有利な面が多いです。それなら、子どもの教育のためにもアメリカに移住しよう、などと行き先が決まってくるのです。

子どもがいないのであれば、相続税を気にせずに移住先を選ぶこともできます。でも子どもがいて、資産を減らさずに残してあげたいと思えば、相続税についてもよく考えておいたほうがいいのです。

資産管理に最適な国、やりたいこと、仕事、年齢、家族構成などによって、国を選んでいくことが一番重要です。

また、フットワークが軽いのはかまいませんが、「次の次」まで考えておく必要があります。

投資家ビザの条件として、サラリーマンや投資家と異なり、会社経営の経験は重要になってきます。海外移住をするとほとんどの場合、ビジネスを中断したり、一時止めることになることが多いと思います。ということは、キャリアの「強さ」は、ビザを申請するときが最も高くなります。

たとえば私が今から海外移住をしようとして、今のビジネスを誰かに売り、ドバイに行ったとします。3年後に「次はオーストラリアに行きたい」と考えた場合、オーストラリアの投資家ビザには「直近5年のうち2年間は会社を経営していること」という条件があるため、条件がぎりぎりになってしまうのです。

そのため、次の次くらいまではライフプランを考えておく必要があります。そういう意味で「ホップ・ステップ・ジャンプ」というように、先を見据えた国選びが大切です。

海外移住に関する税金について考える場合、まずは日本の税金との関係を確認する必要があります。最重要なのは日本の税務ということになりますので、国際的な税務について詳しい「日本の税理士」に相談するのがベストです。私は税理士ではないので、一般的な情報しかお伝えできないということは、お客様に重々伝えています。

海外の税務については、体系的なことさえわかっていれば、細かいところは現地の税理士と会計士と連絡を取り合い、フォローしていくことになります。

税制に関するポイントは、移住先の国が「全世界所得課税方式（全世界課税）」になっているかどうかです。日本は全世界課税で、日本に居住していたら、日本で稼いでも外国で稼いでもすべてに課税され、その課税率は最大55％（所得税率45％、住民税率10％）です。

しかし、シンガポールやマレーシア、タイ、フィリピン、ドバイなどは、全世界課税の国ではありません。つまり、シンガポールに住んでいて、マレーシアで資産運用して金利や譲渡益などの金融所得が発生しても、シンガポールで課税されないのです。ただしこの2カ国は、居住している国内で得た金融所得については課税されます。シンガポールに住んでいてシンガポール国内で儲かったら、その分は課税されるということです。

ここ数年、世界中で移住先として人気となっているポルトガルでも、10年間は海外の所得に関して非課税となり、全世界課税ではなくなる移住者への優遇制度があります。またヨーロッパの島国のマルタでも一旦は課税されるものの、手続きをすれば還付されるというような制度があるので、実質的には全世界課税ではなくなるような制度があります。マルタは移住できるビザの条件が比較的低く、結果的に税金がほとんどかからなくなるため、「タックスヘイブン（租税回避地）」として外貨を集めようとしていると、EU諸国から批判されています。

全世界課税かどうかは、税金面で非常に大きなポイントなので、シン富裕層のみなさんが最初に確認する点です。

その次にシン富裕層たちが気になるのは、相続税です。

旧大英帝国圏の国であれば、基本的に相続税はありません。オーストラリアを始め、ニュージーランド、カナダなどは、相続税も贈与税もありません。また東南アジアのフィリピン、マレーシア、シンガポールなども同様です。

ただし日本の国税庁も課税強化をしていて、2017年から「相続税・贈与税の国外財産に対する納税義務」が5年から10年に引き延ばされました。元々は、相続人と被相続人が共に5年以上海外に居住していれば、国外財産には課税されませんでしたが、その期間が10年になってしまったのです。

また2015年7月には「国外転出時課税制度（出国税）」ができました。日本を出国して非居住者となる際に、1億円以上の有価証券（株式やストックオプションなど）を保有している場合、譲渡とみなして課税するというものです。

ただ暗号資産や貴金属などは、現時点で出国税の対象外のため、どんなに利益が出ていても出国税はかかりません。

貴金属の代表格と言えばゴールドですが、以前ユニークなお客様がいました。相続した不動産のビルの管理業をしていた、50代独身の男性です。

心配性で「俺は金の現物しか信用していない。紙幣もだめだ。証券もダメだ。証券は紙だろ?」と尋ねられました。「いや、今は証券は紙でもないです。データです」と答えると、「それならもっとダメだ、信用ならん」と言います。暗号資産が隆盛する世界経済の中で、その対極にいるような人でした。実際、100キログラム以上の金の延べ棒を持っていて、銀行の金庫に保管していました。彼の資産約10億円以上のうち、6億円ほどが金の延べ棒だったのです。

ある時「ニュージーランドに移住したいから、大森さんも飛行機で一緒に行って、20キロ分くらいの金の延べ棒を手荷物として持ってきてくれないかな？」と頼まれ、丁重にお断りしたものです。税関にきちんと申告すれば可能なのかもしれませんが、想像するだけでも恐ろしいですね。

投資家の視点で見る「子どもの教育」

私に海外移住の相談をしてこられるシン富裕層は、「自分の子どもに海外で教育を受けさせたい」という理由が最も多く、全体の5割ほどを占めています。

3割は「リタイア後、海外で悠々自適に暮らしたい」というタイプです。これは定年退職者に限らず、早期リタイア「ＦＩＲＥ」の実現を目指す若い世代が少なくありません。クライアントの20代後半の年収1億円稼いでいるご夫婦は、そのときお子様はまだいらっしゃらなかったのですが、将来的に海外で子育てをしたいとお考えになり、海外へ移住されました。

そのほかに最近は、「日本の税金が高くなったから海外へ移住したい」という理由も増えてきて、残りの2割ほどを占めています。

早期リタイアの「FIRE」を目指す人たちは、若くして資産を稼ぐ必要があるため、「④暗号資産ドリーム型」が多くなります。しかし「③ネット情報ビジネス型」の人たちもそれなりにいます。

前述の20代後半で年収1億円を稼ぎ、FIREを実現した御夫婦は、「SNSマーケティング」のノウハウを情報商材にし、コンサルティングビジネスをしていました。ネット情報ビジネスをしたい、あるいは今しているけれど、集客が希望通りできないという人たちに向けて、SNSを使ったネット集客の手法を販売するというものでした。彼らはドバイへと移住しました。

20代はなかなかいませんが、30代になると、FIREをする人の数は一気に増えます。

東大卒で外資系有名コンサルティングファームに勤めた後、情報サイト運営会社などを起業し、2~3年経営した後に会社を売却して、5億円程をつくって海外移住をしたお客様もいました。資産の一部をAmazonの倉庫に投資する、EB-5と言われる「投資永住権」でアメリカに渡ったのです。彼は30代、子どもの教育のための移住でした。

圧倒的な能力があって計画的に人生を進めている、オールドスタイルの「①ビジネスオーナー型」ですが、「売れそうなビジネスを起業して、数年後に売って海外へ行く」というのは斬新です。

子どもの教育のために海外移住をする人たちは、基本的に「日本の教育はあまり良くない」という考えを、大前提として持っています。特にこれからの時代、子どもには英語+αを身につけさせて世界で自由に活躍してほしいと願い、海外の学校に進学させようとしています。

実際、イギリスのQuacquarelli Symonds社が発表している「世界大学ランキング（2022年版）」でも、日本の大学は欧米やシンガポール、中国、香港の大学に競り負けています。1位は10年連続でマサチューセッツ工科大学（MIT、アメリカ）、2位はオックスフォード大学（イギリス）、3位は同率でスタンフォード大学（アメリカ）とケンブリッジ大学（イギリス）でした。アジアの上位校を見てみると、1位から、シンガポール国立大学（世界11位）、南洋理工大学（世界12位、シンガポール）、精華大学（世界17位、中国）、北京大学（世界18位、中国）、香港大学（世界22位、香港）と続き、日本でトップの東京大学は、アジア6位、世界23位です。

こうした世界ランキングでは、やはり英語圏の国、アメリカ、イギリス、カナダ、オーストラリアなどが上位にきます。またシンガポールやマレーシア、ドバイなどには、世界の有名大学の分校が続々とできているため、そういう大学で子どもを勉強させたいと考える富裕層は以前から多く、その傾向はシン富裕層も同様です。

シン富裕層から「子どもの教育のために、海外に住みたい」という相談があれば、まずは子どもの年齢について尋ねます。未就学児であれば、ビザの手続きだけですみますが、小学生以上の子どもがいる場合は、現地のインターナショナルスクールの手配をすることになります。

たとえば「子どもはいま11歳で、日本での中学受験を考えている。もし不合格だった場合には、家族で海外に移住して、現地のインターナショナルスクールに行かせたい」などの希望がしばしばあります。その際には、日本の中学受験の結果が出た後、すぐに海外の学校に行けるよう、入学金を支払い、ぎりぎりまで手続きをやっておくこともあります。

子どもの教育のために投資家ビザを取るシン富裕層たちは、日本人学校ではなくインターナショナルスクールほぼ一択です。日本企業の駐在員として海外赴任をする人は、いずれ日本に戻らなければならないと考えているため、日本人学校を選ぶ場合が多くなります。しかしシン富裕層と駐在員とでは、教育に対する志向がはっきりと分かれています。

子どもをどのインターナショナルスクールに行かせるのか、現地の学校の情報に関しては、過去に行かれたお客様から感想や評判、現地での第三者評価などをお伝えしています。

中でもお客様が一番参考にするのは、やはりランキングです。日本人を含め、アジアや中東の人々は、ランキングが大好きです。どちらが上でどちらが下かを比較するのが好きで、すなわち「メンツ」を大事にする国民性なのだなと実感します。

ドバイに至っては、政府が小学校や中学校に5段階評価をつけて、ランキング化しています。移住者はそれを参考に学校選びをする方が多いようです。

海外のインターナショナルスクールは、よほど成績が悪くない限り、そのときに空きがあれば入れます。タイミングが合うかどうか、ラッキー的な要素が強いということです。

学校側は、生徒が1人増えたところで、コストはたいして変わりません。その一方で収入に関しては、1人増えるだけで学費として年間250万円から350万円、プラスになります。もし通学ではなく寄宿舎（学生寮）に入れたいという家庭であれば、さらにプラスで200万円、すなわち450～550万円入ってくるのです。

人気があって定員が埋まっている学校に関しては、単純に空きが出るまで待たないといけない場合もありますが、たとえば面接やテストで優秀な成績を収めればウェイティングの一番前にしてくれたり、中には寄付金次第といったケースもあります。

子どもの教育が第一

海外移住の相談に来るお客様は、ほとんどが男性です。それは男性のほうが海外志向が強いというよりも、ある程度資産がある既婚男性の妻が、「お金があるなら、子どもの教育のために海外に行こう」ということを夫に求める志向が強いからだと感じます。「①ビジネスオーナー型」や「②資本投資型」の妻で、夫が仕事のために日本から離れられないケースでは、母子で留学する親子留学という選択をする人たちも少なくありません。

相談者が旦那様の場合、「奥様の機嫌を損ねるとまずいので、お子さんの学校を最初に考えてください」とよくアドバイスします。

私たちの仕事上のライバルは、海外移住の相談や実際の手続きを行う現地の弁護士事務所や会計事務所です。しかし子どもの幼稚園や保育園、インターナショナルスクールなどに関する相談や手配までは、弁護士や会計士は皆やりたがりません。そこがわが社の強みになっています。

反対に、未婚女性で海外へ移住したいというお客様は、相談段階では全体の1割ほどいるものの、実際に移住する方はそれほど多くいません。

なぜなら、投資家ビザで移住ができる、億を超える資産を貯める未婚女性が、残念ながら日本にはなかなかいないからです。ひとりで暗号資産や株式投資を行い、資産を増やしました、という女性には、まだお目にかかったことがありません。「一発当てよう」といった冒険心や、「泥水をすすってでも大金持ちになってやる」といった野心は、男性のほうが強いのかもしれません。女性はそれほどお金に執着せずに、「自分のやりたいことを自分らしくやりたい」といった方が多いように感じられます。

また未婚女性で海外に移住する人たちは、まじめに勉強をして留学で行くというパターンが圧倒的多数です。カナダなどに留学をし、そこで就職先を見つけて永住権を申請するなどしています。

インターナショナルスクールの他にも、海外には「ボーディングスクール」という、全寮制の学校も多くあります。

しかし家族で海外移住をするシン富裕層に関しては、インターナショナルスクールで十分です。ボーディングスクールに向いているのは、「両親ともに仕事で日本を離れられないけれども、子どもには海外の教育を受けさせたい」という場合か、「世間に知られたレベルの成功者のお子様」の場合です。

元々ボーディングスクールは、質の高い教育を求める貴族や上流階級をメインの対象としていました。しかし最近ではご両親が仕事で忙しすぎるため、自宅できちんと育てる自信がないということを心配するご家庭にも利用されています。またロシアや中国など、自国に居住することにリスクを感じる国の人たちの場合、政敵になると突然暗殺されたり、投獄されたりする危険性があるようです。そのため、親が子どもたちだけでも安全に過ごしてほしいと、スイスやイギリスのボーディングスクールに入れるのです。他には兄弟をアメリカ、イギリス、オーストラリア、スイスなどに分けて行かせるケースも、多く見られます。それは子どもの教育も投資とみなして、リスクを分散させておこうということです。

またご夫婦でビジネスを成功させた場合、豪華な会食がしばしばあり、移動の飛行機は常にファーストかビジネスクラス、新幹線はいつもグリーン車、しかも常にVIPのような接遇を受ける。そんな環境でお子さんを育てることになることを懸念する方も。子どもにしっかりとした金銭感覚が育たなくなると心配になるのです。

そのようなリスクを未然に防ぐためのボーディングスクールだということです。

実際に「子どもにまともな金銭感覚を身につけさせたい」という理由で、子どもをボーディングスクールに入学させたお客様もいました。こうしたボーディングスクールの活用方法は、あまり知られていないため、子どもの将来について悩んでいる「超」富裕層には、ぜひ知ってほしいところです。

ある相談者のお子様もボーディングスクールに行かせたほうが良かったのでは？　と思う出来事がありました。「①ビジネスオーナー型」の父親が、ご子息と2人で海外移住の相談に来ました。「会社を売却して数十億円できたので、ニュージーランドに移住したい」とのことでした。ご子息は高校3年生だったので、「何かやりたいことはありますか？　大学進学はお考えですか？」と聞くと、そのご子息がぽそりと「やりたいことはまだないけど、投資の税金と相続税が安いから」と言います。父親は隣で満足そうにうなずいていたので、思わずぽかんとしてしまいました。

よくよく聞くと、親子でニュージーランドに行き、息子が父親の資産を運用したいということでした。英語は得意ではなく、大学にも行かず、もちろんビジネスなんてしたこともない18歳が……。「こういうお子さんこそボーディングスクールに入ったら良かったのかも」と思ったものです。

ただしボーディングスクールに子どもを入れた場合の副作用として、親と接する時間が短くなり、子どものアイデンティティは学校やその国の文化で形成されることになります。たとえば親が歳を取ったときに、日本的に子どもに面倒を見てほしいと思ったとしても、子どもに断られることはかなり多くなると思います。ただそれほどの成功者であれば、自分たちは高級老人ホームに入り、ときどき子どもや孫が会いに来てくれればよいということで問題ないのでしょうが。

海外志向でも「日本は好き」

教育目的での海外移住が増えている背景として、親世代に英語の教育熱が高まってきているという点が挙げられます。しかし最近は特に、以前よりも海外移住への「迷いがなくなった」という印象があります。かつては帰国後のプランなどについても、よく話を聞きましたが、今は家族全員で移住先の国への永住を視野に入れ、日本を出て行く人が増えています。

「このまま日本で子どもに教育を受けさせていていいのか」「成功するチャンスが日本では少ないのでは？」という危機感が、シン富裕層には強く、その結果、移住への迷いがなくなっているようです。

日本で成功している親世代の人たち自身も、「海外で新しいチャレンジをしてみたい」という気持ちが大きいようです。少子高齢化が進む日本よりも、やはり海外で発展しつつある国のほうが、エネルギーがあると感じるようです。特にドバイなどには街自体に活気があります。その空気を肌で感じて、さらにそこに子どもの教育問題が重なると、「思い切って移住してしまったほうがいいんじゃないか」と考えるのです。

ただ、彼らも決して日本のことが嫌いなわけではありません。里帰りで帰国し、ショッピングをしたりお寿司などの和食を食べたりすることを楽しみにしている人もたくさんいます。また病気になるなど、人生で大きなピンチに遭ってしまったら、最後は日本に戻ってきたいと思っています。

旧村上ファンドの村上世彰さんも、日本への批判を繰り返しつつも、ずっと日本に関わる仕事をしています。私の勝手な想像ですが、本当は心底から日本が好きなんだろうなと思います。

第5章

国別に見る海外移住のメリット・デメリット

移住難易度はその国の政権の方針次第!?

年配者や、昔ながらの富裕層「⑤相続型」の人たちに人気なのは、やはりオーストラリアやアメリカ・ハワイです。「アメリカに移住したい」という日本人のうち、7～8割はハワイを希望しています。他に約2割が、カリフォルニア州のサンフランシスコ、アーバイン、サンディエゴなど、西海岸を希望し、残りがニューヨークやシアトル、フロリダなど、その人の好きなところといった具合です。

アメリカを選ぶ人はそれほど大きな資産家ではなく、5～10億円くらいまでの資産家が多い印象です。それより多く、30億円以上の資産家となると相続税が気になってくるので、相続税がない国を選びがちになります。この場合、シンガポールやオーストラリア、ニュージーランドやドバイなどになります。

本書冒頭にも書きましたが、移民排斥を掲げたトランプ前大統領のイメージで、「アメリカへの移住は困難だ」と思い込んでいる人は、非常にたくさんいます。ネットの情報は嘘も多いものですから、きちんとお金を出して、価値のある情報を集めてほしいところです。

これは海外移住相談に関するよくあるやり取りです。

「オーストラリアに移住したいんです」

「お問い合わせありがとうございます。つかぬことをお聞きしますが、本当にオーストラリアに行きたいんですか?」

「はい」

「本当はハワイがよろしいんじゃないですか?」

「あ、そうなんです。どうしてわかったんですか?」

と驚かれました。

「いや、メールアドレスに『hawaiidaisuki』と入っていたので」

「ああ……」

と笑っていました。

「でもアメリカに移住するのは、厳しいじゃないですか」

「いえ、今はオーストラリアのほうが難しいんですよ。3年間程度の親子留学などであればオーストラリアも行きやすいですが、1億円以上の資産があって投資永住権を取るんだったら、アメリカのほうがよっぽど楽ですよ」

そう伝えると、とてもびっくりしていました。

2022年6月現在、アメリカの投資永住権を取るための投資額は80万ドル（約1億900万円）で、オーストラリアの投資永住権を取るための投資額は250万オーストラリアドル（約2億2500万円）です。アメリカはオーストラリアの半額以下なのです。

投資永住権や投資家ビザには、各国が独自に細かい条件を設けており、国によって異なるうえに、頻繁に変更されています。どこの国でも数カ月に一度は何らかのビザの条件を変更しているのが一般的です。

頻繁な変更が起きる背景には、国内の政治的事情が絡んでいます。たとえば不動産投資を条件にして外国人にビザを発給していたところ、そのビザが非常に人気が出て、国内の不動産価格が高騰してしまった。となると、自国民の不満が高まってしまい、各国政府がビザの発給要件を厳しくしたり、発給自体を中止したりするのです。

外国人へのビザ発給は、最近は特に、政権の人気取りに利用されています。トランプ政権時代のアメリカに限らず、ヨーロッパやアジアでも、ナショナリズムが高まっている昨今では、政権の支持率が下がってきたときに「外国人移民はけしからん！」「外国の富裕層が自国の土地を買うなんてけしからん！」という移民に対するネガティブキャンペーンをすると、愛国主義の一定の層からの支持が高まります。

つまり、力のない政権は外国人を痛めつけるし、強い政権は、裕福な外国人を保護して、外貨を獲得しようとするのです。

ケース⑴　条件の厳しいアメリカ

いますぐは難しくても、行きたい国の条件を満たせるように1、2年活動すれば、移住できるようになるケースも多々ありますので、私からアドバイスを行う場合もあります。

「あなたは株式投資のみで儲かっていますけど、2年ほど会社経営をしないとこの国には行けません。でしたら、今からどこかの会社を買収して経営してみてはいかがですか？」

といった具合です。そうすれば、会社経営という経歴ができ、投資家ビザの申請が可能になるからです。

こうしたアドバイスに対して、お客様が「うーん、そこまでやりたくはないな」と言ったら、

「ではこの国は難しいですが、あちらの国なら移住できますよ」

などと、また別のアドバイスをすることになります。

実際に、こうしたアドバイスを経てしっかりと準備をし、移住を実現させた人もたくさんいます。

「①ビジネスオーナー型」で、コンサルティング会社を創業・経営し40億円ほどの資産を持つ50代後半の男性は、「子ども2人をアメリカの大学に行かせたい」という理由で、アメリカへの家族での移住を検討していました。

ただしアメリカの場合、投資永住権を取ると、全世界課税となるためアメリカで申告が必要となります。

「それは嫌だな、税金は日本に納めたい」

「では投資永住権ではなく、アメリカで会社を買って、投資家ビザを取りましょう。家族全員分のビザが取れるんですよ」

「会社を買うのはいいけど、運営はしたくないな」

「じゃあ、買った会社を管理する人もご紹介できます」

と、なりました。

そうして、アメリカの現地人オーナーが経営しているカリフォルニアの和食店を、約4000万円で買いました。一から店舗を新規出店しようとしたら、1軒で6000～8000万円ほどかかりますが、今はコロナ禍ということで経営状況が思わしくない飲食店が多く、そのような事業の価格は安くなっていて、4000万円程度で済んだのです。店舗運営は、そのまま現地人オーナーが残したマネージャーに任せることになりました。

ビジネスは、人に任せていたら絶対に儲かりません。それはもちろん、彼もビジネスオーナーなのでよくわかっています。しかし資産が40億円もある彼にとっては、飲食店経営で発生する多少の損は、ビザの経費として許容範囲とのことでした。

その結果、無事に投資家ビザが取れ、家族全員でアメリカに移住していきました。

ケース⑵ 人気のオーストラリア&カナダ

オーストラリアに移住を希望する人たちは、「暖かく空が青い、のびのびとした南の島で過ごしたい」と考える人たちです。相続税・贈与税もありません。政治・経済も安定していて、英語圏で、日本ともほとんど時差がなく行き来できます。子育てやリタイア移住の環境としては最高の国と言えるでしょう。

ただしシドニーは、学費も家賃も高額です。安く抑えようと思ったら、地方都市のゴールドコーストやブリスベン、ケアンズやパースを選ぶ手もあります。しかし田舎すぎて馴染めないと感じる人もいますので、メリットとデメリットをきちんと考えるべきです。

投資家ビザや投資永住権を取ったシン富裕層たちの海外投資額は、これまでの累計で60億円以上に上ります。これまでの最高額は、オーストラリアに1500万オーストラリアドル（約14億1300万円）を投資した人でした。横浜で複数の飲食店とビルのオーナーをしている「①ビジネスオーナー型」の男性で、総資産が50～60億円ほどありました。オーストラリアに多額の投資をしたため、数カ月で投資永住権が取れました。逆に、投資額が低い人は、審査に2年くらいかかります。

彼は離婚をして、事実婚状態の新しいパートナーと2人でオーストラリアへ移住しました。事実婚の場合、1年以上同居している証明書が必要になります。共有の銀行口座の有無や、同居証明として2人の郵便物が同じ住所に届いているか?などです。

この方は離婚が成立していましたが、仮に離婚が成立していないケースですと手続きは一気に面倒なことになります。非常に難しい申請となりますが、仮に申請する場合は妻とは同居しておらず、事実婚相手と長期間同居していることなどを証明する資料、過去の判例の調査を弁護士に依頼し、「この夫婦の夫婦生活は事実上破綻している。実質的にはこちらの事実婚相手が配偶者であるとみなすのが妥当」というような法律意見書を作成するなど、可能な限りあらゆる書類を提出して移民局の判断を仰ぐことになります。

カナダも長年、5本の指に入る人気移住国ではありましたが、ここまであまり話題に出なかったのは投資永住権が現在中断中で、申請できないためです。2019年3月から受付を中断しており、毎年再開するといううわさが流れるものの再開しない、という状況が続いています。

以前は、200万カナダドル（約2億1000万円）以上の資産があり、120万カナダドル（約1億2600万円）を州政府指定の金融機関に投資、または35万カナダドル（約3600万円）程度を支払えば、カナダ・ケベック州の投資永住権を取ることができました。

どうしてもカナダに住みたいという場合は、今でもカナダに法人を設立し、一定規模の投資と雇用を行えば申請は可能です。ただ、求められる基準が高いため、ほとんどそこまでしようと思う方はおらず、そこまでするなら、アメリカに変更するという方がほとんどです。他の方法としては、本人が2年以上の正規留学をすれば可能となります。しかし、ビジネスや投資で成功しているシン富裕層には少々無理なやり方となるので、カナダは諦めて他の国を探すことになります。

ケース⑶ いまオススメなのはポルトガル

日本ではあまり知られていませんが、2020〜2021年に世界中で人気だった移住先は、アメリカとポルトガルです。我々も、この2年だけで約40人のビザの手続きを行いました。

ポルトガルは、35万ユーロ（約4800万円）以上の不動産を買えば、ゴールデンビザと言われる5年の投資家ビザが家族全員分もらえるのです。しかも不動産を買うだけでよく、人に貸し出すこともできます。平均で3〜4％の利回りで貸せて、居住の義務も年間7日間程度と条件がやさしいのです。さらに5年後以降はポルトガルの永住権の申請もできるようになりますし、取ろうと思えばポルトガル国籍も申請可能となります。非常に利便性が高いビザなのです。そのため海外移住の「ホップ・ステップ・ジャンプ」で、ステップの国としてポルトガルを挙げたというわけです。

退職金が入り日本の不動産も売って、資産が8000万円になったという準富裕層クラスの60代男性が、5000万円くらいのマンションを首都リスボンに購入して、ポルトガルに移住したというケースがありました。ヨーロッパの街並みや雰囲気が好きで、ヨーロッパで老後をゆったり暮らしたい、とのことでした。

ただし2022年からは、リスボンと、国内第2の都市ポルトの居住用マンションは、ビザの対象外となってしまいました。海外からの人気がありすぎてポルトガル国内の不動産価格が上がってしまったことが原因のようで、自国民のために不動産価格をこれ以上あがらないようにと、政府が政策を転換したのです。

ポルトガルには、我々が提携している現地の弁護士事務所や不動産会社があり、そのような専門家が物件紹介などの対応を行っています。かつては不動産を購入する前に現地に視察に行ってから物件を購入していましたが、コロナ禍で渡航しにくくなってからは、Zoomなどで日本と現地とを繋ぎ、Google Mapで周辺の環境を見るなどして、物件を紹介・購入するようになりました。ポルトガルの銀行口座開設も、本人が直接行かなくても弁護士が開設できるようになりました。

何億円も持っているようなシン富裕層であれば、不動産投資の一環としても、「とりあえずポルトガルの投資家ビザを取っておくか」という人はたくさんいます。

ポルトガルはビザ取得が比較的簡単で気候も良く落ち着いた環境ということもあって、世界的に人気となっていますから、当然中国人も大挙してビザを取りにきています。中国版LINEと呼ばれる「WeChat（微信）」で、数回のやりとりの後に瞬時に不動産購入を決めるのです。

「このくらいに値下げしてくれない？」と質問をして、「わかった、いいよ」と答えを聞いたら、「じゃあ、買います」と即決するのが中国人や香港人で、「じゃあ、前向きに考えます」と言いつつ保留するのが日本人です。「いや、今考えたらいいじゃない。どうして日本人はそんなに慎重なんだ」と、よく現地のポルトガル人には驚かれます。「①ビジネスオーナー型」や「③ネット情報ビジネス型」には、即決する人も多いですが、日本人は全般的に慎重なのです。

ポルトガルの利点は、街中で英語が通じる点です。ポルトガル語が公用語じゃないのかと思うかもしれませんが、実は英語ができればある程度大丈夫なのです。

ヨーロッパは人気がありますが、「大国」は英語が通じないというデメリットがあります。フランスはフランス語、ドイツはドイツ語、イタリアはイタリア語、スペインはスペイン語や南部はカタルーニャ語で、街中で買い物や食事をするときなど、英語が通じない場面が多々あります。そのため、ヨーロッパについては日本からの移住希望者が少ないのです。

反対にポルトガルは、国としての力が弱い「小国」なので、みんな英語が上手です。ポルトガルの人口は約1000万人です。スイスやオランダなど、英語が通じる国は小国で、通じない国は大国ということです。

さらにポルトガルは物価も安く、生活コスト指数がリスボンで41・96（東京は63・81）です。

南欧に位置していて温暖で、しかも治安も良い国です。アフリカからボートに乗って、難民がヨーロッパを目指しますが、たいていはギリシャを通ってドイツやイタリア、フランスを目指したり、スペインを目指したりします。それらの大国を素通りして、あえてポルトガルにまで行きたい、と思う難民が少なかったため、ヨーロッパの大国に比べて、移民問題で揉めているということもありません。

ケース(4) ドバイ移住が過熱する理由

海外移住の「ホップ・ステップ・ジャンプ」で「ホップ」とした東南アジアの国々の魅力は、やはり「物価が安い」、これに尽きます。

生活コスト指数では、マレーシアの29・23が最も低く、その次がフィリピン31・14、タイ53・47と続きます。シンガポールは71・69で、東京63・81よりも物価は少々高くなりますが、日本と変わらない都会的な生活が送れるという点で人気です。

東南アジアの田舎は、道路が整備されていない、家もバラックばかりなど、ライフラインもおぼつかなくなりますので、基本的に日本人は、セブのような観光地か首都での都会的な生活を希望して移住しています。

そして最近は東南アジアよりもドバイが人気です。ドバイの生活コスト指数は59・89で、東京と大差はありません。

マレーシアやシンガポールのビザの取得条件が厳しくなってしまい、その上シンガポールは物価が高い、タイは生活するのに英語が通じない、香港は政情不安、フィリピンは治安や衛生面が不安となると、全世界課税の対象外で行きやすい国といえば、ドバイくらいしかなくなった、という理由からです。

ドバイに行ったことがない人にドバイを紹介すると、治安と教育、物価について心配されます。特にお客様の奥様がそのあたりを不安がります。そういう際には、以前私が視察に行ったときの写真を見せています。

街の風景、人々の服装、スーパーマーケットの中など、ドバイで撮ったなにげない日常の写真とともに、「ATMはお金をおろすときに400円くらい手数料をとられるけど、日本のカードでキャッシングできますよ」「空港からは地下鉄でも移動できます。スイカ（JR東日本の交通系ICカード「Suica」）のようなICカードでタッチして構内に入ります。でも路線が少ないので、みんなUberやタクシーを利用するんです」「イスラム戦士みたいな服装の人もいないでしょう？　スタイリッシュな服装の女性とか、この歩道に写っていますよね。冬は15度くらいまで下がるときもあるので、長そでの人も多いし、ジョギングしている人までいますよ」などと説明します。家賃は東京都心の半額くらいですし、食費はほとんど東京と同じくらいです。「③ネット情報ビジネス型」の男性は特に「インターネットは通じますか」という点を気にしますが、もちろんドバイは、ネット環境もしっかりしています。

こうした話を聞くと、「ああ、行けそうですね。じゃあ、ドバイでいいか」と、軽いノリで決定する人がほとんどです。

ドバイは住民の80％以上が外国人で、とくに多いのは南アジア系のインド人、パキスタン人、バングラディッシュ人などです。それに続くのがフィリピン人です。歴史的に東インド会社が、かつてＵＡＥを中継貿易の港としていたため、旧大英帝国系の国にとって、ドバイは身近なのでしょう。フィリピン人は、多くがメイドとしてドバイに出稼ぎに来ています。

ケース⑸　シン富裕層が選ばない国

ここまでで述べた国以外でも、移住したいと思えば可能な国は、いろいろとあります。スイスやイタリア、ギリシャ、トルコなどです。しかし日本のシン富裕層からのニーズはほとんどありません。

イギリスもブレグジットによってＥＵから離脱し、未だ移民排斥の機運も高いため、移住先としてあまり人気がありません。アイルランドは承認済み投資ファンドに、３年間で最低100万ユーロ（約1億7000万円）以上投資するとゴールデンビザを申請できますが、こちらもあまり需要はないようです。なぜサービスを開始したかというとアイルランドの法律事務所から「ぜひホームページにアイルランドの投資ビザ情報も載せてほしい」と、我々に直接連絡があったからですが、こればっかりは無理にお薦めすることもできないのでどうしようもないですね。

お隣の韓国も、日本から移住したいという人からの問い合わせは、ほとんどありません。むしろ日本在住の韓国人の方が、海外移住をしたいというご相談は少なくありません。韓国は教育熱が高い割に、優良企業は財閥くらいしかなく、そこに入れなければ年収も低くなり、結果として生活に困窮してしまう可能性すらあります。言葉の問題と人口減少も著しいため起業も厳しいということで、韓国から出て海外で英語教育を受け、韓国に戻って財閥に入るか、入れなければそのまま海外で仕事をしたい、と考える人が多いようです。

逆に我が国日本ですが、世界の富裕層から見た日本は、移住先として「激安」でお薦めだと思います。そのため最近になって、海外から日本に移住したいという人たちのサポート事業も開始しました。

「外国人投資家に日本が買い荒らされるのは許せない」などと反対する人もいますが、優秀な外国人に日本へ投資をしてもらったり、日本のファンになってもらったりすることは、非常に価値があることだと私は思っています。

日本は現在、法人を設立し、500万円以上の投資資金とビジネスプランを有する人に、「経営管理ビザ」という長期滞在ビザを発給しています。5年経過後には帰化申請の可能性も開かれます。申請難易度で言うと、ドバイやポルトガルと同じくらいのレベルです。

ただし日本は日本語がメインで、街中で英語はあまり通じませんから、外国人が移住してくるためには言語のハードルがあります。日本は中国に抜かれたとはいえ、2020年12月時点での「国全体のGDP」は世界第3位、人口も世界11位です。ドイツやイギリス、フランスにも負けない「大国」なのです。

資産があっても移住できない人

十分な資産があっても、海外移住ができない人もいます。それは、資金源が不透明で、マネーロンダリングが疑われるようなお金を持っている人、移住元や移住先の国の法律を守らない人です。

以前、2億円くらいの資産を持っていて、アメリカのグリーンカード（永住権）を取りたいという人がいました。ビジネスや不動産投資などをして資産をつくったと言っていました。

ビザ申請のためにさまざまな資料をもらい、資産額をエクセルで一覧にしてみたところ、5年前は2000万円くらいの資産をお持ちでしたが年収は1000万円もありません。計算がまったく合わないのです。

「他に何か収入はないですか?」と尋ねても、「いや、特にないですね」との回答です。

「お客様からいただいた情報では、年収以外には家賃収入が、年間100万円ですよね。

5年で1億8000万円も増えているのは、なぜですか?」とさらに話を詰めていくと、「何でだろう?」と、本人もわからない様子です。

しばらくして、「あっ、もしかして……」と話し始めました。やましいところがあるから、シラを切ろうとしてみただけで、初めからわかっていたのでしょう。「実は、両親のところに子どもを連れて遊びに行くと、毎回300万円から500万円くらい、お小遣いとして現金を手渡されるんですよね。この年は6回ぐらい連れて行ったかなぁ?」と言うのです。

「それって、贈与税の申告はされていますか?」と聞くと、「申告……してないのかなぁ?」と、曖昧な返事をします。こんな状況では、移住先の国、この場合はアメリカに、説明がつきません。

「贈与税の申告書類をお出しいただけないのであれば、移住は難しいですね」と伝えました。我々は税務署ではないので、これ以上追及することはできませんし、手続き自体をお断りすることとなりました。

法に則った節税対策をすることはもちろん問題ありませんが、脱税行為をするような人は、海外への移住なんてできないのです。

また、希望に胸を膨らませて海外移住をしたものの、挫折して帰国するケースもあります。

特に、ビザの条件面ばかりを優先して移住先を決めてしまうと、移住先に不満を感じることになってしまいます。気持ちの部分に関しても、しっかりと考えないといけません。

カナダに留学移住をし、その後永住権を取ろうとしていた、不動産投資家の40代男性がいました。不動産投資家は、世界のどこにいても仕事ができるため、「③ネット情報ビジネス型」に当たる人です。自分で調べてきて、「マニトバ州のウィニペグに留学する。バンクーバーより物価が安いから」と言うのです。日本で知名度のない、カナダでは比較的小さな人口70万人ほどの街です。当時、ウィニペグに2年間留学した後に就職すれば、カナダの永住権が取れるという制度がありました。「ここは田舎で、何もないですよ。しかも冬は極寒で、マイナス40度になる日もあります。大丈夫ですか？　トロント、モントリオール、バンクーバーのような大都市とは生活スタイルが今とは全然違いますよ」と確認すると、「全然大丈夫です！　手続きを進めてください！」と言います。

自然あふれる町が好きなのかなと思い、ウィニペグへの留学手続きをしましたが、半年ほどした頃に連絡があり「こんなところにはいられない。街が小さすぎて、楽しみが何もない。しかも寒い」と言って、結局日本に帰国してしまったのです。

最後に注意点として、投資家ビザ取得には多額の資産や一定の期間がかかりますから、ビザ名を伝えるだけで相手にだいたいの総資産がわかってしまいます。私もよくシン富裕層の人々には、「投資家ビザを持っていることは人に言わないほうがいいですよ」と伝えています。

私も、お客様が問い合わせをしてきて「どこの国のビザをお考えですか」と聞き、行き先を聞いただけで、だいたいの資産額が予想できます。

たとえばアメリカに移住している人に、「どんな仕事をしているんですか」と聞き、

「投資家です」と答えたら、1〜2億円くらいのキャッシュがあるんだな、とわかる人にはわかってしまうわけです。

「オーストラリアに、投資家ビザを取って移住します」と話したら、最低でも3億円くらいは持っているということがばれてしまうのです。

前述したように、シン富裕層には、資産を目当てに詐欺師も群がってきます。ビザも重要な個人情報ですから、リスク回避のためにも、不用意に漏らさないよう気をつけましょう。

幸福な移住のために必要なものとは!?

ITコンサルタントの40代男性は、もともとの自分の会社を売り、その会社と友人の会社など、複数の日本企業からコンサルティングフィーとしての収入を得ていて、年収が3000万円ほどありました。全世界課税の対象外の香港で投資家ビザを取得して住んでいたため、日本など海外からの収入に対する税金がゼロのようでした。今の香港は、政情不安で移住先として人気がありませんが、10年ほど前の平和な頃のことです。

しかし、大好きなアメリカに住んでみたいということで、香港にそのまま住むか、アメリカに行くか、かなり迷って私に相談をしてきました。

アメリカに住むと、アメリカは全世界課税のため、日本からの収入にアメリカの所得税がかかります。年間約900万円、およそ3分の1の収入が税金として取られるのです。10年で約1億円に上ります。

そこでお話ししたのは、「香港は世界一と言って良いくらい住居費が高いですよね？　アメリカの税金は高いけれど、香港ほど住居費は高くないですよ。ハワイやカリフォルニア州の郊外なら香港の半額以下程度の家賃ですみます。そうした生活費も総合して比較し、考えてみてはどうですか？」ということです。

またその方は離婚をしていて、子どももいませんでした。「資産を貯めても、相続したい子どももいないし、それなら自分自身が気持ちのいい場所に住んだほうがよくないですか？　十分な貯金もありますし、ビザは申請すれば可能性は高いですよ」と伝えたところ、「そうですよね。香港よりも、ハワイやロスのほうが好きですし」と納得し、結局サンディエゴに移住されました。きっと今は、サンディエゴで楽しく、自分らしく生活しているのではないかなと思います。

海外移住する家族みんなが納得することも重要です。特に夫婦の片方が移住に積極的な場合、配偶者を納得させないと、長くはもたないのです。

それでも、万人に人気のあるハワイやオーストラリアなどであれば、欠点と感じるところも少ないので、無理に連れて行っても次第に納得するということはあります。ハワイは日本人が多いので、面倒臭い人間関係はあるかもしれませんが、「最悪だ」とまで思うことはそうそうないでしょう。

しかし東南アジアなどになると、どうしても「元いた日本と比べて、すごく良い」というわけではありません。税金や物価は安いかもしれませんが、配偶者や子どもにとって、それは過ごしやすさとは関係ないのです。そこが家族の間で大きな問題となりがちですから、移住前にきちんと、全員が納得するよう話し合うべきです。

ただ、妻が海外移住をしたい、夫が反対、という場合は、夫のほうが折れるケースが多いので、たいてい問題はありません。夫にとっては海外がつまらなかったとしても、「なんかちょっと元気がないな」くらいで、だいたいなんとかなるものです。しかし逆の場合は、おおむねトラブルになります。妻が「日本に帰りたい」といつまでも嘆いていると、その「帰りたい病」が子どもにも伝染しがちです。そして妻が子どもを連れて、突然日本に帰ってしまったりすることもありました。

私がこれまで見てきた印象ですと、女性のほうが、生活環境にこだわりがあります。親子留学で母親と子どもが海外に行く場合も、子どもの学校を優先して移住先を田舎町にしてしまって、問題が起こったことがありました。子どもが学校に行っている間、母親は車を所有していなかったためお出かけもできないのです。暇を持て余して「日本に帰りたい」という気持ちになり、鬱病になってしまいました。オーストラリアも、シドニーやメルボルンなどの大都市以外の郊外の街は、隣の家まで車で15分かかるような田舎町もたくさんあるので、移住前にしっかりと調べたり、下見に行ったりすることも大切です。

教育投資で不可欠なのは子ども本人の意欲

子どもの教育のための海外移住の場合も、子ども本人に留学への意識づけができているかどうかが、非常に大切になってきます。一言でいうと、子どもが嫌がっていたら失敗確定になる、ということです。

子どもが幼少であるなら英語力があるかないかは、ほとんど関係ありません。大人が思うほど、子どもは弱くありませんから、英語がわからなくてもインターナショナルスクールにポンと入れたら、多くの子どもたちは半年くらいすれば大人よりも上手に話せるようになります。

しかし子ども本人が移住自体を嫌がっている場合は、インターナショナルスクールにもなじめず、日本人学校を探して転校したり、はては帰国したりする羽目になってしまいます。

家族で海外移住する際の一番のポイントは、子どもが移住に前向きになれるような話を、日本にいる頃からあらかじめ繰り返ししておくということです。子どもの機嫌を取るというわけではなく、楽しみだな、行きたいな、と思えるように、段取りを踏んで納得させるということです。

子どもの年齢でいうと、中学2年生くらいまでは海外移住もしやすいですが、中学3年生を超えてくるとかなり難しくなってきます。進学の問題があるからです。

中学3年生以上の子どもがいる場合は、移住先の国に長くいることを決めて、高校から大学進学までを見据えてあげる必要があるでしょう。日本の大学受験で「帰国子女枠」というものが使える場合もありますが、3年ほど海外に行って帰国子女枠で日本の大学を受験するというのも、子ども本人の学業面での負担は大きいと思います。

本人の希望で行く「高校留学」と違って、家族で移住する場合は、子どもにとっては「しょうがなく一緒についてきた」という気持ちも少なからずあるわけです。その上さらに、「数年後には帰国して大学受験だ」となると、子どもが強いストレスに晒され、「海外なんて来るんじゃなかった、親に振り回されて自分の進路が台なしになってしまった」などと、不満が募る場合もあるでしょう。

ちなみに、海外移住の失敗は、家族が嫌がるケースのほか、家族の誰かが病気になるか、お金がなくなるか、ビザが認められず強制的に帰国させられるか、その四つのパターンがよく見られます。

アフターコロナの海外移住はどうなる?

「いつか海外に住んでみたい」と一度は思ったことのある人は、たくさんいることでしょう。シン富裕層の海外移住事情は、一般庶民には当てはまらない部分もありますが、そこから世界各国の政治・経済事情も垣間見えてきます。

コロナ禍においても、外資獲得のため、富裕層の移住を受け入れ続けている国は、世界にたくさんあります。対する日本は、水際対策を強化するためとして、2022年2月まで外国人の入国を大きく制限してきました。ようやくアフターコロナの時代に向けて、緩和の方向に向かいつつあることは喜ばしいことです。日本および世界経済活性化のためにも、以前のように、国をまたいだ移動が自由になる世の中に早くなってほしいと願っています。

とはいえ、本書執筆中の2022年2月、ロシアによるウクライナ侵攻という衝撃の事件が起きてしまいました。ヨーロッパの政情不安、難民問題、物価や物流費の高騰、円安など、海外移住が、あるいは海外旅行すら、難しい時代が訪れるのではないかという不安を感じます。一方でシン富裕層の間では、「今は行けなくても、権利だけは確定させておきたい」と、コロナ禍でも海外移住の手続きを始める人が増えています。「これからの世の中がどうなるかわからないので、いざというときにどこにでも行けるように、資金が許す限りなるべく複数の国のビザを取っておく」という意向なのです。

シン富裕層はどこにでも移住できて、富裕層でなければ移住先が非常に限られるか、まったくできない。そういった二極化が、今後は急速に進んでいく予感がしています。

最後に、シン富裕層の主な海外移住先として次の13カ国について私からそれぞれひと言解説させていただきます。また、比較するうえでのポイントも図表としてまとめていますので、ご参考にしてください。

【アメリカ合衆国】

投資先さえ見つかれば申請は比較的容易で早く住める。飲食業が多いが不動産管理ビジネスが最近のブーム。居住義務が明確でないので、母子のみハワイ移住で夫は日本で仕事というハワイ好きが増加中。永住希望の場合、アメリカ滞在中に永住権（EB－5）を追加申請可能。投資先の選定、申請の準備が面倒ではあるが、家族全員がグリーンカードを取得できるメリットは大。

【ポルトガル共和国】

世界でも人気のビザ。投資・滞在条件が比較的簡易で永住権、市民権まで取得可能な点が魅力。ヨーロッパへの足がかりに。

【オーストラリア】

住・教育環境が優れ、相続税がない点も大人気。

【ニュージーランド】

住・教育環境に優れ、相続税がなく、永住権取得後の滞在義務がない点が日本を離れづらい経営者に大人気。世界でも数少ない維持しやすい永住権。

【シンガポール】

5年程前まで人気だったが、ビザ取得・更新の難易度が上がり、魅力減。GIPと呼ばれる投資家ビザは投資条件以外の難易度が高すぎる。申請できる人がほとんど存在しない永住権。

【カナダ】

2019年から中断中で再開の目処たたず。留学後の永住は比較的簡易。

【ドバイ首長国(UAE)】

現時点で一番人気の投資ビザ。住・教育・投資環境が整っていて、投資コストも安い。11~3月くらいは快適だが、6~9月は酷暑。車移動で外を出歩くことはないと割り切れば最高。真夏はヨーロッパで避暑という人も多い。

【スペイン王国】

不動産投資でビザが申請できるゴールデンビザが人気。個人だけでなく、法人名義で購入してもビザ取得可能というメリット大。

【マルタ共和国】

申請費用が高額で約14万ユーロ以上かかる点が厳しい。投資が必須ではなく、滞在義務もほとんどないためグロスの投資額を抑えたい方にお薦め。

【アイルランド共和国】

EUでは数少ない英語が主要言語の国。

【フィリピン】

コストがすべてにおいて安いが、申請時に一定の居住が必要な点に問題がなく、住環境が合えば。

【タイ王国】

ポストマレーシアの最右翼。ビザ取得に必要な費用をアップさせる傾向が気になる。早めに取得が吉か。

日本と比較した場合のメリットで、必ずしも無税ではありません。
第４章の「シン富裕層の『税金問題』」p.149 も参照してください。

ビザ取得までの期間	滞在義務	扶養家族	税制メリット 全世界	贈与	相続
4～6ヵ月程度	明確な規定なし	配偶者、21歳未満の未婚の子	○	○	○
47～71ヵ月程度	年半年以上の滞在、又は再入国許可証取得			○	○
12ヶ月程度	年7日以上	父母・配偶者、子（未婚・扶養）	○	○	○
8～14ヵ月程度	5 年間中 2 年間以上	配偶者、子（未婚・扶養）		○	○
12～20ヵ月程度	取得後は無し	配偶者、子(24 歳以下・扶養)		○	○
1～2ヵ月程度	明確な規定は無いが、一定の居住を推奨	配偶者、子（21歳未満・扶養）	○	○	○
6～12ヵ月					
2～3ヵ月程度	6ヵ月に1度入国	配偶者、子（未婚・扶養、男：21歳未満だがゴールデンビザは優遇有）	○	○	○
	1年に1度入国				
6～7ヵ月程度	更新時(最初は2年後、その後5年後)のみ渡航が必要	父母・配偶者、子（未婚・扶養）			
9ヵ月以上	5 年後の更新時のみ渡航が必要	(祖)父母・配偶者、子(未婚・扶養)	○	○	○
8ヵ月程度	年90日以上の滞在	配偶者、子(未婚・21 歳未満)	○	○	○
1～2ヵ月程度	なし	家族会員の追加(有料)や譲渡が可能な条件あり	○	○	○

！ 2023年2月現在。為替レートの変動、各国の事情で予告なく変更されることがありますので実行前に必ず該当国の大使館・移民局または専門家にご確認ください。ポルトガルのビザについては、2023年2月16日、同国首相より新規発給の停止が発表されたのでご注意ください。

主な海外移住先の比較一覧

国名	★[1]	投資額	投資タイプ	ビザタイプ
アメリカ合衆国	AA-	規定はないが、通常30万米ドル(約4,200万円)～	起業(E2)	就労ビザ
	A	80万米ドル～(約1億900万円)	開発プロジェクト(EB5)	永住権
ポルトガル共和国	AA	35万ユーロ～(約4,800万円)	不動産購入	長期滞在ビザ(※永住・市民権可)
オーストラリア	A-	250万豪ドル～(約2億2,500万円)	州政府の財務公社債等	永住権
ニュージーランド	A-	300万NZドル(約2億5,500万円)	国債・ファンド等	永住権
シンガポール	BBB+	10万SGドル～(約900万円)	起業	就労ビザ
	B-	250万SGドル～(約2億4,600万円)	起業/ベンチャーキャピタルファンド	永住権
ドバイ首長国(UAE)	AAA	2万AED～(約70万円)	起業(法人設立のみ)	就労ビザ(2年)
	A+	200万AED～(約7,000万円)	不動産購入	居住ビザ(10年:ゴールデンビザ)
スペイン王国	A	50万ユーロ～(約7,000万円)	不動産購入	長期滞在ビザ(※永住権可)
マルタ共和国	BBB-	1万ユーロ～(約130万円)	不動産賃貸(年間家賃)	長期滞在ビザ
	A	30万ユーロ～(約4,100万円)	不動産賃貸または購入	
マレーシア	BBB	100万リンギット～(約3,000万円)	定期預金	長期滞在ビザ
タイ王国	AAA	60万バーツ(約230万円)～	カード会員加入	居住ビザ

★＝筆者による格付(S&P風)

おわりに

クライアントとともに成長

元々私は大学卒業後、証券会社に3年勤め、個人や法人の資産家に対し、営業や資産運用のアドバイスをしていました。

1990年代後半は、投資をする個人が今と比べて少なかったこともあり、証券会社も詐欺師集団のような悪いイメージで世間に捉えられていました。

「円高で金利も高いので米国債はいかがですか?」

などと必死に営業して回っても、

「証券会社の奴なんか来るな！」

「また来たのか！」

と怒鳴られたりします。

「いえいえ、私は初めて来ました」

「昨日も来ただろう！」

「いや、それは違う人だと思いますよ」

「証券会社の奴なんか、みんな一緒や！」

などと、水をかけられそうになったりしたものです。

こちらはそんな苦労をしながら、日々外回りをしているのに、ときどき社内で、

「今日、店頭の飛び込みのお客様が、100万オーストラリアドル（現在のレートで約9400万円）を買っていったよ」などと聞くことがありました。「どうやら、オーストラリアに移住するためらしいよ」と耳にし、「そんな人がいるんだな」と驚いたのが、海外移住との出会いでした。

そんなとき、私が昔からアルバイトでお世話になっていた人より、「ワーキングホリ

デーの手続きをする会社を立ち上げたから、手伝ってくれ」と誘われました。詳しい仕事内容はわからなかったものの、とりあえず面白そうだなと思い、証券会社を辞めてそのスタートアップ企業に勤めることにしました。

その会社はワーキングホリデーがメインなので、若い人たちのビザの手続きをするわけですが、ときどきその保護者から、いろいろなお金の相談を受けていました。社内に証券会社出身の人間は私だけだったので、「じゃあ、私がご相談を承ります。今の為替はこうですよね」などと、一般論でのアドバイスをしていたら、とても感謝されました。そして、保護者たちから「こういう、子どもの教育とお金のことをまとめて相談できる会社がないんだよ。どこに相談したらいいかもわからないんだ」と言われたのです。

また、当時はロングステイと言って定年退職後の海外移住が流行していた時期でしたが、リタイア後の夢の実現という大きな人生の決断をする際に、お金や住居の相談ができる窓口が、日本には一切ないということにも気づきました。ニーズがあるのに、それを叶える会社がないのです。

そこで2003年から副業としてお客様の海外移住を手伝う活動を始め、2004年の6月4日に、晴れて「アエルワールド」という会社を創業しました。

海外移住の手続き、金融関係、不動産関係を、一手に引き受けようと考えて始めたのがアエルワールドです。我々はものすごくありがたいことに、お客様に育ててもらいながら、事業を拡大してきた会社です。

前職のワーキングホリデーを取り扱う会社の社長から、「とりあえず名刺をつくって、やりたいことをその名刺に書け」とアドバイスをもらいました。そこで私は「海外生活アドバイザー」という肩書きを勝手に命名して、名刺に書き、出会ったお客様に配り始めました。

次に、どの国をメインで始めようか、と考えました。まず思い浮かんだのが、「南の島でのんびりとリタイア後の生活をしたい」とみんな思うんじゃないかな、ということ。「南の島ってどこかな?」と考えると、オーストラリアが思い浮かびました。私は旅行で2週間ほど行ったことがある程度でしたが、オーストラリアに住みたいという話もよく聞きます。それでとりあえずホームページをつくり、「オーストラリアリタイア移住サポート」というサービスを打ち出して、ビジネスを開始しました。

最初は鳴かず飛ばずの時期が続きました。当時は資本金も300万円しかなく、その中からホームページ制作に80万円ほどを工面しました。オフィスも時間制でレンタルしていたので、お客様が来て1時間話すと1万円かかります。自分の月給も、5万円ほどしか確保できませんでした。

さまざまな移民情報などについて勉強しつつ、お客様のご相談を承っていたりしていたものの、当然のことながら、初めてのお客様と成約するのはなかなか難しいものでした。次第に「相談の場所代だけでこちらは1万円かかるんだから、早く帰ってほしいな、そもそも相談にも申し込まないでほしいな」と思ってしまっている自分に気づき、「これはまずい」と我に返りました。

それからは、場所代がかからない喫茶店で相談を受けるようにしました。すると心に余裕が出てきたのか、創業から半年くらい経った頃、初めて成約することができました。札幌から飛行機に乗って、相談や契約に来ていただいていた富裕層の方です。会社をいくつも興して上場直前までいっていたものの、ＩＴバブル崩壊の余波を受けて、途中で上場を諦めて引退し、オーストラリアでリタイア生活を送ろうとしていた方でした。

彼の資産の情報を整理し、オーストラリアの現地の法律家や会計事務所の人たちに何度も質問を重ねながら、ビザ発給の手続きを進めていきました。

その後、お客様から「こんなことはできないの？　やってほしいんだけど」「君、これもやったら？　ニーズがあるよ」などと、さまざまなリクエストを受けるようになり、基本的には断らずにすべて要望を叶えていったところ、アエルワールドの今の事業ができ上がっていったのです。

なぜ「富裕層」が対象になったのか

創業（2004年）当時は、オーストラリアの退職者ビザの手続きをメインに行っていました。年間200万円くらいの年金などの所得と3000万円程の資産があるか、7000万円くらいの資産があれば、4年の退職者ビザが下り、それが更新できるというものでした。そのころ続々と定年を迎えていた団塊の世代に、オーストラリアは大人気でした。

しかし2005年7月、このオーストラリアの退職者ビザが突然なくなり、「投資者退職ビザ」という新制度に変更されました。オーストラリアの大都市圏に住む場合は「年間6万5000オーストラリアドル（約610万円）以上の所得証明」と、「75万オーストラリアドル（約7000万円）以上の資産、かつ75万オーストラリアドル以上（約7000万円）の債券に投資すること」が申請条件となりました。1億5000万円程度の資産が必要となり、以前の2倍ほどの金額になってしまったのです。海外からのリタイア世代の移住者が増えすぎて、オーストラリア都市部の家賃や物価が上がってしまったということが、オーストラリア政府が移住条件を厳しくした理由とのことでした。

創業から約1年で、10人ほどのオーストラリアの退職者ビザを取得し、一人で会社をやっていくくらいならなんとかなるなと希望が見えた矢先の出来事で、我が社は大ピンチに陥ります。申請条件が厳しすぎてオーストラリアの退職者ビザというメインの事業が立ち行かなくなり、今後の見通しが立たなくなってしまったのです。

しかしちょうどその頃、45歳くらいの富裕層の人から、オーストラリアに家族で投資家として移住したいという相談がありました。そこで現地の法律家に尋ねてみるとビジネスマン向けの「投資家ビザ」もあるということを教えてもらいました。そこでお客様に説明すると「ぜひやってくれ」とご依頼いただいたので、いざ手続きをしてみるととんとん拍子に進み、お客様の投資家ビザを取得することができたのです。退職者ビザ以外の事業の可能性が開けた瞬間でした。

それまでは退職者を主な顧客としていたので、富裕層に特段興味があるというわけではなかったのですが、それ以降、オーストラリアの投資家ビザを取る機会がどんどん増えていきました。日本から海外移住をするには、金銭面での条件が非常に厳しくなってしまったために、必然的に私も富裕層を顧客とすることになっていったわけです。

他方で、別の40代のお客様からは「自分は日本での仕事があるので、自分が移住するより先に、妻と子どもだけ留学させたい」といったリクエストが出てきました。そうして、現地の学校の入学手続きなども代行するようになり、親子留学の仕事も引き受けるようになりました。

こうして、いまの「アエルワールド」ができ上がっていったのです。

思い込みから、自由になろう

このようにして出会ってきた、2万人を超える富裕層の人たちを見てきて、5年ほど前から彼らが大きく変化したことに気づき、彼ら「シン富裕層」に関する詳細をお伝えしたのが、本書です。

「シン富裕層は、ずっと成功し続けている、幸運な人たちだ」

と思い込んでいる人も多くいますが、シン富裕層から話を聞いていると、失敗や大変なこともたくさん経験しています。シン富裕層の人たちは、リスクを取って巨額の資産を得たわけで、その分失敗も多いのです。

その最中には不安に押しつぶされそうになりながら、試行錯誤をして、失敗を乗り越えて成功してきた過程があります。トライアンドエラーを繰り返して、資産を築いてきたのが、シン富裕層たちです。

いっぽう、そのトライアンドエラーの中で、決断をして「勝って」きたのがシン富裕層たちだ、とも言えます。儲けと損を比べて、儲けのほうが「勝った」、2回勝って1回負けて、2回勝って1回負けてという経験を積んできたからこそ、いまがあるわけです。

数少ないチャンスに、挑戦しないのが凡人で、リスクを取って挑戦したのが、シン富裕層です。目の前に「やったほうがいいか」「やらないほうがいいか」という二者択一の選択肢が現れたときに、間違えずに決断をし、成功したのです。そういう人たちは決断が早いし、失敗してもそれを自己分析して、「次はこうしてみよう」とまたチャレンジをするわけです。

ただしその失敗が大きすぎると、致命傷になってしまいます。致命傷にならないレベルですべての選択肢を検討して挑戦し、多少なりとも無駄な時間やお金を使いながら経験を積んで決断力を磨き、いざというチャンスにドンと賭けていけるのが、「シン富裕層」なのです。

私たちは、自分や身近な人たちの経験や考え方に即して、「これはこういうものだ」

「自分ができることではない」などと思い込み、考えをステレオタイプにとらわれがちです。しかしステレオタイプで生きていたら、いつまで経っても自分で決めた「枠」の中から、抜けられないと思うのです。

だからこそ、成功している人を見たときに、一度フラットな気持ちで「これは自分なりに取り入れることができるかな?」と、真剣に考えてみるべきだと思うのです。思い込みから自由になり、挑戦し、決断する。これが、私がシン富裕層たちから学んだことです。

「分不相応」という言葉があります。「ふさわしくない」という意味のこの言葉には、2種類あって、どちらも非常に大事だと思っています。「実際的な分不相応」と、「精神的な分不相応」です。

実際的な分不相応は、すべきではありません。極端な例ですが、たとえば昔からの夢だったからといって、経験や勝算はないのに、今までの貯金や生活費をすべて注ぎこみ、そのうえ両親や友人から開業資金となるお金を借りてまでバーやレストランを開業するということは明らかにおかしな分不相応です。

いっぽう、精神的な分不相応としては、先ほどの例とは反対に、充分な経験を積んでいて、現在の仕事の経験を生かせるビジネスプランがあるのに、友人に相談したら「似たような会社があるから辞めたほうがよい。もう少しよく考えたほうがいいんじゃないかな?」と言われてなんとなくブレーキをかけてしまった、という場合は、「一度副業レベルで小さくやってみてから考えればいいんじゃない?」と思うのです。

「まだ早い」といった根拠のない理由で、自分のやりたいことを制限してしまう「精神的な分不相応」を感じている人が、世の中、特に日本の優秀な方には非常に多いと感じています。

「ユーチューバーを目指すなんて、自分にはもう遅いよ、分不相応だよ」などと言ってあきらめるのではなく、やれそうかどうか、コストや手間などをきちんと客観的に考えて、冷静に判断すべきなのです。そしてやれそうだと判断したら、少しずつ挑戦してみましょう。

このときには、やはりうまくいっている人たちから情報を仕入れることが大事です。たまに「偽シン富裕層」もいて、人を騙そうとしているので注意が必要ですが、実際にビジネスで成功している人たちのアドバイスを一つひとつ聞いて、できるのであればそれを真似していく。これが私自身、シン富裕層を見ながら挑戦してきたことです。

あなたも、思い込みから自由になって、〝挑戦〟を楽しんでみてください。

大森健史 おおもり・けんじ
1975年生まれ。大阪府出身。大学卒業後、国際証券株式会社に入社し、個人・事業法人・財団法人等の資産運用のコンサルティング業務を担当。留学・旅行業界を経て、ビザ申請や海外生活設計のアドバイザー業務に携わる。2004年6月に家族・親子・退職者・会社経営者・投資家らのロングステイなどのサポート企業として株式会社アエルワールドを設立し、代表取締役に就任。海外移住や長期滞在に関する相談実績は2万人を超える。グローバルに金融資産と居住生活をどうアロケーションするのかなど、投資家・資産家向けの海外生活コンサルティングにも精通し、サポートを行っている。

朝日新書
882

日本《にほん》のシン富裕層《ふゆうそう》

なぜ彼らは一代で巨万の富を築けたのか

2022年10月30日第1刷発行
2023年9月30日第5刷発行

著者　大森健史

発行者　宇都宮健太朗
カバーデザイン　アンスガー・フォルマー　田嶋佳子
印刷所　凸版印刷株式会社
発行所　朝日新聞出版
〒104-8011　東京都中央区築地5-3-2
電話　03-5541-8832（編集）
　　　03-5540-7793（販売）

Published in Japan by Asahi Shimbun Publications Inc.
ISBN 978-4-02-295176-2
定価はカバーに表示してあります。

落丁・乱丁の場合は弊社業務部（電話03-5540-7800）へご連絡ください。
送料弊社負担にてお取り替えいたします。

朝日新書

歴史の予兆を読む

池上 彰
保阪正康

ロシアのウクライナ侵攻は、第3次世界大戦となるのか？　日本の運命は？　歴史にすべての答えがある！　戦争、格差、天皇、気候変動、危機下の指導者――。日本を代表する二人のジャーナリストが厳正に読み解く「時代の潮目」。過去と未来を結ぶ熱論！

外国人差別の現場

安田浩一
安田菜津紀

病死、餓死、自殺……入管での過酷な実態。ネット上にあふれる差別・偏見・陰謀。日本は、外国人を社会の一員として認識したことがあったのか――。「合法」として追い詰め、「犯罪者扱い」してきた外国人政策の歴史。無知と無理解がもたらすヘイトの現状に迫る。

いのちの科学の最前線
生きていることの不思議に挑む

チーム・パスカル

目覚ましい進化を続ける日本のいのちの科学。免疫学、腸内微生物、性染色体、細胞死、遺伝子疾患、粘菌の生態、タンパク質構造、免疫機構、遺伝性制御から「こころの働き」まで、最先端の研究現場で生き物の不思議を究める10人の博士の驚くべき成果に迫る。

永続孤独社会
分断か、つながりか

三浦 展

仕事や恋人で心が満たされないのはなぜか？「つながり」と「分断」から読み解く愛と孤独の社会文化論。人生に夢や希望をもてなくなった若者。コロナ禍があぶり出した格差のリアル。『第四の消費』から10年の検証を経て見えてきた現代の価値観とは。

江戸500藩全解剖
関ヶ原の戦いから徳川幕府、そして廃藩置県まで

河合　敦

加賀藩・前田利常は「バカ殿」を演じて改易を逃れた。井伊直弼の彦根藩は鳥羽・伏見の戦い直前に新政府側に。黒田藩は偽札の出来が悪くて廃藩となる。藩の成り立ちから廃藩置県までを網羅。「日本最強の藩はどこだ！　実力格付けランキング」も収録。

ペアレントクラシー
「親格差時代」の衝撃

志水宏吉

日本は「ペアレントクラシー（親の影響力が強い社会）」になりつつある。家庭の経済力と子どもの学力の相関関係が年々高まっているのだ。生徒、保護者、学校、教育行政の現状と課題を照射し教育公正の実現に求められる策を提言する。

大江戸の娯楽裏事情
庶民も大奥も大興奮！

安藤優一郎

「宵越しのゼニなんぞ持っちゃいられない！」。飲む打つ買う、笑って踊って、「億万長者」が二日に一人！　祭り、富くじ、芝居に吉原、御開帳――。男も女も大興奮。江戸経済を牽引した、今よりもっとすごかった「お楽しみ」の舞台裏。貴重な図版も多数掲載。

自民党の魔力
権力と執念のキメラ

蔵前勝久

自民党とは何か。その強さの理由はどこにあるのか。国会議員と地方議員の力関係はどうなっているのか。派閥、公認、推薦、後援会、業界団体、地元有力者はどう影響しているのか。「一強」の舞台裏を朝日新聞政治記者が証言をもとに追う。

朝日新書

ぼくらの戦争なんだぜ

高橋源一郎

教科書の戦争記述に国家の「声」を聞き、戦時下の太宰治が作品に込めた秘密のサインを読み解く。「ぼくらの戦争」とは、どういうことか。膨大な小説や詩などの深い読みを通して、当事者としての戦争体験に限りなく近づく。著者の最良の1作。

エネルギーの地政学

小山　堅

ウクライナ侵攻を契機に世界中にエネルギー危機が広まっている。エネルギー研究の第一人者が、複雑な対立や利害を内包するこの問題を地政学の切り口で論じ、日本がどのような政策や外交を行い、安全保障上の危機に対峙していくかを提言する。

宝治合戦
北条得宗家と三浦一族の最終戦争

細川重男

「鎌倉殿の13人」の仁義なき血みどろ抗争は終わっていなかった！鎌倉幕府№1北条氏と№2三浦氏で争われた宝治合戦（1247年）。北条氏が勝利し得宗独裁体制が確立された鎌倉時代の大転換点となった戦いを、解説編&小説編で徹底解説。

太平洋戦争秘史
周辺国・植民地から見た「日本の戦争」

山崎雅弘

満洲国・インドシナ・シンガポール・フィリピン・豪州・メキシコ……アジア・北米・中南米諸国が直面していた政治的・軍事的状況をとおして、「日米英仏中ソ」の軍事戦略・政治工作・戦闘の詳細を明らかにし、「日本の戦争」を多面的・複眼的に読み解く。

日本解体論

白井　聡
望月衣塑子

政治状況も、国民生活も悪化の一途をたどり、日本を蝕む閉塞感に打開の一手はあるのか。政治学者と新聞記者が、政治・社会・メディアの問題点、「政治的無知」がもたらす惨状、将来に絶望しながら現状を是認し続ける「日本人の病」に迫る。

生き方の哲学

丹羽宇一郎

伊藤忠商事の経営者と中国大使を務めた丹羽氏。巨額の特別損失計上、悪化する日中関係の逆風など、常に危機と向き合ってきた丹羽氏には「自分の心に忠実に生きる」という生き方の哲学がある。こんな時代にこそ大切な、生きる芯としての哲学の身につけ方を真摯に語る一冊。

ワンランク上の大学攻略法

新課程入試の先取り最新情報

木村　誠

「狙い目の学部」を究めれば、上位の大学に合格できる！　早慶上理・ＭＡＲＣＨ・関関同立など有力私立大の学部別に異なる戦略や、新課程に合わせた出題傾向とその対策など、激変する入試の最新情報！　小論文の賢い書き方を伝授し、国公立大や医学部の攻略法も詳述する。

最強の思考法

フェアに考えればあらゆる問題は解決する

橋下　徹

日常生活でもビジネスでも、何が正解かわからない時代。ブレない主張、鉄壁の反論、実りある着地――「敵」に臆せず、自分も相手もただす「フェアの思考」が最強だ。政治家・法律家として数々の修羅場を勝ちぬいた著者が思考力の核心を初公開。論戦が苦手な人、結果を出したい人必読！

朝日新書

日本のシン富裕層
なぜ彼らは一代で巨万の富を築けたのか

大森健史

不動産投資、暗号資産、オンラインサロンなど、自らの才覚で巨万の富を手にする人々が続出し、日本の富裕層は近年大きく変化した。2万人以上の富裕層を海外移住サポートし、「シン富裕層」と関わってきた著者だから知る彼らの哲学、新時代の稼ぎ方を大公開！

人生は図で考える
後半生の時間を最大化する思考法

平井孝志

人生の後半は前半の延長にあらず。限りある時間の「配分」と「運用」には戦略的な思考法が何よりも大事。外資系コンサルを経て大学で教鞭を執る著者が、独自で編み出した21のメソッドを図解で紹介。誰でも今日からできる「今、ここ」を生きるための教えが一冊に！

忘れる脳力
脳寿命をのばすにはどんどん忘れなさい

岩立康男

人間は健全な脳を保つため、「積極的に忘れる機能」を持っていた！　最新の脳科学をもとに「記憶と忘却」の正体を解説。脳寿命をのばすメソッドのほか、「忘れたい記憶」を消し「忘れてはいけない記憶」を維持するコツを伝授。驚き満載の〝記憶のトリセツ〟。

よみがえる戦略的思考
ウクライナ戦争で見る「動的体系」

佐藤　優

長期戦となったウクライナ戦争で国際政治は大きく塗り替えられる。第三次世界大戦に発展させないためにも戦略的思考を取り戻すことが不可欠だ。世界のパワーバランスと日本の生き残り戦略をインテリジェンスの第一人者が説く。